Das Urteil und andere Erzählungen

The Judgment and Other Stories

[Bilingual Edition]

German – English

by Franz Kafka

Translated by Möwenstein

Contents

Die Brücke

The Bridge

1.1 Ich war steif und kalt, ich war eine Brücke, über einem Abgrund lag ich.

I was stiff and cold, I was a bridge, over an abyss I lay.

1.2 Diesseits waren die Fußspitzen, jenseits die Hände eingebohrt, in bröckelndem Lehm habe ich mich festgebissen.

On this side the tips of my feet were drilled in, on the other side my hands, I clung to the crumbling clay.

1.3 Die Schöße meines Rockes wehten zu meinen Seiten.

The tails of my skirt blew to my sides.

1.4 In der Tiefe lärmte der eisige Forellenbach.

The icy trout stream roared in the depths.

1.5 Kein Tourist verirrte sich zu dieser unwegsamen Höhe,

No tourists strayed to this impassable height,

1.6 die Brücke war in den Karten noch nicht eingezeichnet.

the bridge was not yet marked on the maps.

– So lag ich und wartete; ich musste warten.   1.7
– So I lay and waited; I had to wait.

Ohne einzustürzen kann keine einmal errichtete   1.8
Brücke aufhören, Brücke zu sein.
Without collapsing, no bridge, once built, can cease to be a
bridge.

Einmal gegen Abend war es –   2.1
Once towards evening it was –

war es der erste, war es der tausendste, ich weiß   2.2
nicht, –
was it the first, was it the thousandth, I don't know –

meine Gedanken gingen immer in einem Wirrwarr   2.3
und immer in der Runde.
my thoughts were always in a jumble and always going
round and round.

Gegen Abend im Sommer, dunkler rauschte der Bach,   2.4
da hörte ich einen Mannesschritt!
Towards evening in summer, the brook rushed darker, I
heard a man's footstep!

Zu mir, zu mir.   2.5
To me, to me.

– Strecke dich, Brücke, setze dich in Stand,   2.6
geländerloser Balken, halte den dir Anvertrauten.
– Stretch out, bridge, set yourself in place, railingless beam,
hold the one entrusted to you.

2.7 Die Unsicherheit seines Schrittes gleiche unmerklich aus, schwankt er aber, dann gib dich zu erkennen und wie ein Berggott schleudere ihn ans Land.

The unsteadiness of his step is imperceptible, but if he wavers, then make yourself known and hurl him ashore like a mountain god.

3.1 Er kam, mit der Eisenspitze seines Stockes beklopfte er mich, dann hob er mit ihr meine Rockschöße und ordnete sie auf mir.

He came and tapped me with the iron tip of his cane, then he lifted my coattails with it and arranged them on top of me.

3.2 In mein buschiges Haar fuhr er mit der Spitze und ließ sie, wahrscheinlich wild umherblickend, lange drin liegen.

He ran the tip into my bushy hair and left it there for a long time, probably looking around wildly.

3.3 Dann aber –

But then –

3.4 gerade träumte ich ihm nach über Berg und Tal –

just as I was dreaming after him over hill and dale –

3.5 sprang er mit beiden Füßen mir mitten auf den Leib.

he jumped on my body with both feet.

3.6 Ich erschauerte in wildem Schmerz, gänzlich unwissend.

I shuddered in wild pain, completely unaware.

3.7 Wer war es? Ein Kind? Ein Traum? Ein Wegelagerer?

Who was it? A child? A dream? A highwayman?

Ein Selbstmörder? Ein Versucher? Ein Vernichter?   3.8
A suicide? A tempter? A destroyer?

Und ich drehte mich um, ihn zu sehen. – Brücke   3.9
dreht sich um!
And I turned to see him. – Bridge turns around!

Ich war noch nicht umgedreht, da stürzte ich   3.10
schon, ich stürzte, und schon war ich zerrissen
und aufgespießt von den zugespitzten Kieseln, die
mich immer so friedlich aus dem rasenden Wasser
angestarrt hatten.
I had not yet turned around when I fell, I fell, and already I
was torn apart and impaled by the pointed pebbles that had
always stared at me so peacefully from the raging water.

Kleine Fabel

Little Fable

1.1 »Ach«, sagte die Maus, »die Welt wird enger mit jedem Tag.

"Oh", said the mouse, "the world is getting narrower every day.

1.2 Zuerst war sie so breit, daß ich Angst hatte, ich lief weiter und war glücklich, daß ich endlich rechts und links in der Ferne Mauern sah, aber diese langen Mauern eilen so schnell aufeinander zu, daß ich schon im letzten Zimmer bin, und dort im Winkel steht die Falle, in die ich laufe.« –

At first it was so wide that I was afraid, I ran on and was happy to finally see walls in the distance to the right and left, but these long walls are rushing towards each other so fast that I'm already in the last room, and there in the corner is the trap I'm running into." –

1.3 »Du mußt nur die Laufrichtung ändern«, sagte die Katze und fraß sie.

"You have only to change your direction", said the cat, and ate it.

Forschungen eines Hundes

Research of a Dog

1.1 **Wie sich mein Leben verändert hat und wie es sich doch nicht verändert hat im Grunde!**

How my life has changed and yet how it hasn't really changed!

Wenn ich jetzt zurückdenke und die Zeiten mir 1.2
zurückrufe, da ich noch inmitten der Hundeschaft
lebte, teilnahm an allem, was sie bekümmert, ein
Hund unter Hunden, finde ich bei näherem Zusehen
doch, daß hier seit jeher etwas nicht stimmte, eine
kleine Bruchstelle vorhanden war, ein leichtes
Unbehagen inmitten der ehrwürdigsten volklichen
Veranstaltungen mich befiel, ja manchmal selbst
im vertrauten Kreise, nein, nicht manchmal,
sondern sehr oft, der bloße Anblick eines mir
lieben Mithundes, der bloße Anblick, irgendwie
neu gesehen, mich verlegen, erschrocken, hilflos, ja
mich verzweifelt machte.

When I think back now and recall the times when I was still
living in the midst of the dog community, taking part in
everything that troubled them, a dog among dogs, I find on
closer inspection that something has always been wrong
here, that there was a small fracture, a slight uneasiness in
the midst of the most venerable popular events, sometimes
even in familiar circles, no, not sometimes, but very often,
the mere sight of a fellow dog dear to me, the mere sight,
somehow newly seen, made me embarrassed, frightened,
helpless, even desperate.

Ich suchte mich gewissermaßen zu begütigen, 1.3
Freunde, denen ich es eingestand, halfen mir, es
kamen wieder ruhigere Zeiten –

I tried to calm myself down to a certain extent, friends, to
whom I admitted it, helped me, calmer times came again –

8

1.4 Zeiten, in denen zwar jene Überraschungen
nicht fehlten, aber gleichmütiger aufgenommen,
gleichmütiger ins Leben eingefügt wurden, vielleicht
traurig und müde machten, aber im übrigen mich
bestehen ließen als einen zwar ein wenig kalten,
zurückhaltenden, ängstlichen, rechnerischen, aber
alles in allem genommen doch regelrechten Hund.

times in which those surprises were not absent, but
were accepted more equanimously, integrated more
equanimously into life, perhaps made me sad and tired, but
otherwise left me as a somewhat cold, reserved, anxious,
calculating, but all in all still a proper dog.

1.5 Wie hätte ich auch ohne die Erholungspausen das
Alter erreichen können, dessen ich mich jetzt erfreue,
wie hätte ich mich durchringen können zu der Ruhe,
mit der ich die Schrecken meiner Jugend betrachte
und die Schrecken des Alters ertrage, wie hätte
ich dazu kommen können, die Folgerungen aus
meiner, wie ich zugebe, unglücklichen oder, um
es vorsichtiger auszudrücken, nicht sehr glücklichen
Anlage zu ziehen und fast völlig ihnen entsprechend
zu leben.

How could I have reached the age I now enjoy without
the breaks for recuperation, how could I have brought
myself to the calm with which I contemplate the horrors
of my youth and bear the horrors of old age, how could
I have come to draw the conclusions from my, as I
admit, unfortunate or, to put it more cautiously, not
very fortunate disposition and live almost entirely in
accordance with them.

Zurückgezogen, einsam, nur mit meinen 1.6
hoffnungslosen, aber mir unentbehrlichen kleinen
Untersuchungen beschäftigt, so lebe ich, habe aber
dabei von der Ferne den Überblick über mein Volk
nicht verloren, oft dringen Nachrichten zu mir und
auch ich lasse hie und da von mir hören.

I live in seclusion, alone, occupied only with my hopeless
but indispensable little investigations, but I have not lost
sight of my people from afar, news often reaches me and I
also let myself be heard from here and there.

Man behandelt mich mit Achtung, versteht meine 1.7
Lebensweise nicht, aber nimmt sie mir nicht übel,
und selbst junge Hunde, die ich hier und da in der
Ferne vorüberlaufen sehe, eine neue Generation,
an deren Kindheit ich mich kaum dunkel erinnere,
versagen mir nicht den ehrerbietigen Gruß.

People treat me with respect, don't understand my way
of life, but don't hold it against me, and even young dogs
that I see running past here and there in the distance, a
new generation whose childhood I barely remember, don't
refuse me a respectful greeting.

Man darf eben nicht außer acht lassen, daß ich trotz 2.1
meinen Sonderbarkeiten, die offen zutage liegen,
doch bei weitem nicht völlig aus der Art schlage.

One must not forget that, despite my peculiarities, which
are quite obvious, I am by no means completely out of
character.

Es ist ja, wenn ichs bedenke – 2.2

If I think about it –

und dies zu tun habe ich Zeit und Lust und 2.3
Fähigkeit – ,

and I have the time, inclination and ability to do so – ,

2.4   mit der Hundeschaft überhaupt wunderbar bestellt.

the dog world is in a wonderful state.

2.5   Es gibt außer uns Hunden vierlei Arten von
       Geschöpfen ringsumher, arme, geringe, stumme,
       nur auf gewisse Schreie eingeschränkte Wesen, viele
       unter uns Hunden studieren sie, haben ihnen Namen
       gegeben, suchen ihnen zu helfen, sie zu erziehen, zu
       veredeln und dergleichen.

Apart from us dogs, there are four kinds of creatures all
around us, poor, small, mute creatures, limited only to
certain cries; many of us dogs study them, have given them
names, try to help them, educate them, ennoble them and
the like.

2.6   Mir sind sie, wenn sie mich nicht etwa zu stören
       versuchen, gleichgültig, ich verwechsle sie, ich sehe
       über sie hinweg.

Unless they are trying to disturb me, I am indifferent to
them, I confuse them, I overlook them.

2.7   Eines aber ist zu auffallend, als daß es mir hätte
       entgehen können, wie wenig sie nämlich mit uns
       Hunden verglichen, zusammenhalten, wie fremd
       und stumm und mit einer gewissen Feindseligkeit
       sie aneinander vorübergehen, wie nur das gemeinste
       Interesse sie ein wenig äußerlich verbinden kann
       und wie selbst aus diesem Interesse oft noch Haß und
       Streit entsteht.

But one thing is too conspicuous for me to have missed it,
namely how little they stick together compared with us
dogs, how strange and silent and with a certain hostility
they pass each other by, how only the meanest interest can
unite them a little outwardly and how even this interest
often gives rise to hatred and quarrels.

2.8   Wir Hunde dagegen!

We dogs, on the other hand!

11

Man darf doch wohl sagen, daß wir alle förmlich in einem einzigen Haufen leben, alle, so unterschieden wir sonst durch die unzähligen und tiefgehenden Unterscheidungen, die sich im Laufe der Zeiten ergeben haben.

2.9

It may well be said that we all live in a single heap, all of us, as we are otherwise distinguished by the innumerable and profound distinctions that have arisen in the course of time.

Alle in einem Haufen!

2.10

All in one heap!

Es drängt uns zueinander und nichts kann uns hindern, diesem Drängen genugzutun, alle unsere Gesetze und Einrichtungen, die wenigen, die ich noch kenne und die zahllosen, die ich vergessen habe, gehen zurück auf die Sehnsucht nach dem größten Glück, dessen wir fähig sind, dem warmen Beisammensein.

2.11

All our laws and institutions, the few that I still know and the countless that I have forgotten, go back to the longing for the greatest happiness of which we are capable, the warm togetherness.

Nun aber das Gegenspiel hierzu.

2.12

But now the counterpart to this.

Kein Geschöpf lebt meines Wissens so weithin zerstreut wie wir Hunde, keines hat so viele, gar nicht übersehbare Unterschiede der Klassen, der Arten, der Beschäftigungen.

2.13

As far as I know, no other creature lives as widely dispersed as we dogs, none of us has so many differences of class, of species, of occupation that cannot be overlooked.

Wir, die wir zusammenhalten wollen, –

2.14

We, who want to stick together –

2.15 und immer wieder gelingt es uns trotz allem in
überschwenglichen Augenblicken –

and again and again we succeed in spite of everything in
exuberant moments –

2.16 gerade wir leben weit von einander getrennt,
in eigentümlichen, oft schon dem Nebenhund
unverständlichen Berufen, festhaltend an
Vorschriften, die nicht die der Hundeschaft sind;

we live far apart from each other, in peculiar occupations,
often incomprehensible to the neighboring dog, clinging to
rules that are not those of the dog community;

2.17 ja, eher gegen sie gerichtet.

indeed, rather directed against it.

2.18 Was für schwierige Dinge das sind, Dinge, an die man
lieber nicht rührt –

What difficult things these are, things one would rather not
touch –

2.19 ich verstehe auch diesen Standpunkt,

I also understand this point of view,

2.20 verstehe ihn besser als den meinen – ,

understand it better than my own – ,

2.21 und doch Dinge, denen ich ganz und gar verfallen
bin.

and yet things to which I am completely addicted.

Warum tue ich es nicht wie die anderen, lebe   2.22
einträchtig mit meinem Volke und nehme das,
was die Eintracht stört, stillschweigend hin,
vernachlässige es als kleinen Fehler in der großen
Rechnung, und bleibe immer zugekehrt dem, was
glücklich bindet, nicht dem, was, freilich immer
wieder unwiderstehlich, uns aus dem Volkskreis
zerrt.

Why don't I do like the others, live in harmony with my
people and silently accept what disturbs the harmony,
neglect it as a small error in the grand scheme of things,
and always remain turned towards that which happily
binds, not towards that which, admittedly always
irresistibly, pulls us out of the circle of the people.

Ich erinnere mich an einen Vorfall aus meiner   3.1
Jugend, ich war damals in einer jener seligen,
unerklärlichen Aufregungen, wie sie wohl jeder
als Kind erlebt, ich war noch ein ganz junger Hund,
alles gefiel mir, alles hatte Bezug zu mir, ich glaubte,
daß große Dinge um mich vorgehen, deren Anführer
ich sei, denen ich meine Stimme leihen müsse, Dinge,
die elend am Boden liegenbleiben müßten, wenn ich
nicht für sie lief, für sie meinen Körper schwenkte,
nun, Phantasien der Kinder, die mit den Jahren sich
verflüchtigen.

I remember an incident from my youth, I was then in
one of those blissful, inexplicable excitements that
everyone experiences as a child, I was still a very young
dog, everything appealed to me, everything related to me, I
believed that great things were going on around me, that I
was their leader, that I had to lend my voice to them, things
that would have to lie miserably on the ground if I didn't
run for them, sway my body for them, well, children's
fantasies that fade away with the years.

3.2 Aber damals waren sie stark, ich war ganz in ihrem Bann, und es geschah dann auch freilich etwas Außerordentliches, was den wilden Erwartungen Recht zu geben schien.

But back then they were strong, I was completely under their spell, and of course something extraordinary happened that seemed to justify the wild expectations.

3.3 An sich war es nichts Außerordentliches, später habe ich solche und noch merkwürdigere Dinge oft genug gesehen, aber damals traf es mich mit dem starken, ersten, unverwischbaren, für viele folgende richtunggebenden Eindruck.

In itself it was nothing extraordinary, later I saw such and even stranger things often enough, but at that time it hit me with the strong, first, indelible impression that would set the tone for many to follow.

3.4 Ich begegnete nämlich einer kleinen Hundegesellschaft, vielmehr, ich begegnete ihr nicht, sie kam auf mich zu.

I encountered a small canine society, or rather, I didn't encounter it, it came towards me.

Ich war damals lange durch die Finsternis gelaufen,   3.5
in Vorahnung großer Dinge – eine Vorahnung,
die freilich leicht täuschte, denn ich hatte sie
immer-, war lange durch die Finsternis gelaufen,
kreuz und quer, blind und taub für alles, geführt
von nichts als dem unbestimmten Verlangen,
machte plötzlich halt in dem Gefühl, hier sei ich
am rechten Ort, sah auf und es war überheller Tag,
nur ein wenig dunstig, alles voll durcheinander
wogender, berauschender Gerüche, ich begrüßte
den Morgen mit wirren Lauten, da – als hätte ich
sie heraufbeschworen – traten aus irgendwelcher
Finsternis unter Hervorbringung eines entsetzlichen
Lärms, wie ich ihn noch nie gehört hatte, sieben
Hunde ans Licht.

I had been walking through the darkness for a long time
then, with a premonition of great things to come - a
premonition that was easily deceived, of course, because
I always had it - , had been walking through the darkness
for a long time, criss-crossing, blind and deaf to everything,
guided by nothing but a vague desire, suddenly stopped
in the feeling that I was in the right place, I looked up and
it was a very bright day, only a little hazy, everything was
full of heady, heady smells, I greeted the morning with
confused noises, then - as if I had conjured them up - seven
dogs came out of some darkness, making a terrible noise
such as I had never heard before.

Hätte ich nicht deutlich gesehen, daß es Hunde   3.6
waren und daß sie selbst diesen Lärm mitbrachten,
obwohl ich nicht erkennen konnte, wie sie ihn
erzeugten – ich wäre sofort weggelaufen, so aber
blieb ich.

Had I not clearly seen that they were dogs and that they
themselves were making this noise, although I could
not see how they were making it, I would have run away
immediately, but I stayed.

3.7 Damals wußte ich noch fast nichts von der nur dem Hundegeschlecht verliehenen schöpferischen Musikalität, sie war meiner sich erst langsam entwickelnden Beobachtungskraft bisher natürlicherweise entgangen, hatte mich doch die Musik schon seit meiner Säuglingszeit umgeben als ein mir selbstverständliches, unentbehrliches Lebenselement, welches von meinem sonstigen Leben zu sondern nichts mich zwang, nur in Andeutungen, dem kindlichen Verstand entsprechend, hatte man mich darauf hinzuweisen versucht, um so überraschender, geradezu niederwerfend waren jene sieben großen Musikkünstler für mich.

At that time I knew almost nothing of the creative musicality that only the canine race possesses; it had naturally escaped my slowly developing powers of observation, for music had surrounded me since my infancy as a natural, indispensable element of life, which compelled me to do nothing but hint at it, in accordance with my childish mind, and so those seven great musical artists were all the more surprising, downright devastating for me.

3.8 Sie redeten nicht, sie sangen nicht, sie schwiegen im allgemeinen fast mit einer großen Verbissenheit, aber aus dem leeren Raum zauberten sie die Musik empor.

They did not speak, they did not sing, they were generally silent, almost with a great doggedness, but out of the empty space they conjured up the music.

Alles war Musik, das Heben und Niedersetzen ihrer   3.9
Füße, bestimmte Wendungen des Kopfes, ihr Laufen
und ihr Ruhen, die Stellungen, die sie zueinander
einnahmen, die reigenmäßigen Verbindungen, die
sie miteinander eingingen, indem etwa einer die
Vorderpfoten auf des anderen Rücken stützte und
sie sich dann so ordneten, daß der erste aufrecht die
Last aller andern trug, oder indem sie mit ihren nah
am Boden hinschleichenden Körpern verschlungene
Figuren bildeten und niemals sich irrten;

Everything was music, the lifting and lowering of their
feet, certain turns of the head, their running and their
resting, the positions they assumed in relation to each
other, the regular connections they made with each other,
for instance by one resting the front paws on the other's
back and then arranging themselves so that the first one
upright carried the weight of all the others, or by forming
intertwined figures with their bodies creeping close to the
ground and never making a mistake;

nicht einmal der letzte, der noch ein wenig unsicher   3.10
war, nicht immer gleich den Anschluß an die andern
fand, gewissermaßen im Anschlagen der Melodie
manchmal schwankte, aber doch unsicher war
nur im Vergleich mit der großartigen Sicherheit
der anderen und selbst bei viel größerer, ja bei
vollkommener Unsicherheit nichts hätte verderben
können, wo die anderen, große Meister, den Takt
unerschütterlich hielten.

Not even the last one, who was still a little unsteady,
did not always immediately catch up with the others,
sometimes wavered, so to speak, in the attack of the
melody, but was still unsteady only in comparison with
the magnificent certainty of the others and could not have
spoiled anything even with much greater, indeed with
complete uncertainty, where the others, great masters,
held the beat unshakeably.

3.11 Aber man sah sie ja kaum, man sah sie ja alle kaum.
But you could hardly see them, you could hardly see them all.

3.12 Sie waren hervorgetreten, man hatte sie innerlich begrüßt als Hunde, sehr beirrt war man zwar von dem Lärm, der sie begleitete, aber es waren doch Hunde, Hunde wie ich und du, man beobachtete sie gewohnheitsmäßig, wie Hunde, denen man auf dem Weg begegnet, man wollte sich ihnen nähern, Grüße tauschen, sie waren auch ganz nah, Hunde, zwar viel älter als ich und nicht von meiner langhaarigen wolligen Art, aber doch auch nicht allzu fremd an Größe und Gestalt, recht vertraut vielmehr, viele von solcher oder ähnlicher Art kannte ich,
They had come out, one had greeted them inwardly as dogs, one was very disconcerted by the noise that accompanied them, but they were still dogs, dogs like me and you, one observed them habitually, like dogs one meets on the way, one wanted to approach them, exchange greetings, they were also very close, dogs, much older than me and not of my long-haired woolly kind, but not too strange in size and shape either, quite familiar in fact, I knew many of such or similar kind,

aber während man noch in solchen Überlegungen   3.13
befangen war, nahm allmählich die Musik überhand,
faßte einen förmlich, zog einen hinweg von diesen
wirklichen kleinen Hunden und, ganz wider Willen,
sich sträubend mit allen Kräften, heulend, als
würde einem Schmerz bereitet, durfte man sich
mit nichts anderem beschäftigen, als mit der von
allen Seiten, von der Höhe, von der Tiefe, von
überall her kommenden, den Zuhörer in die Mitte
nehmenden, überschüttenden, erdrückenden,
über seiner Vernichtung noch in solcher Nähe, daß
es schon Ferne war, kaum hörbar noch Fanfaren
blasenden Musik.

but while one was still caught up in such reflections, the
music gradually took over, literally seized one, pulled one
away from these real little dogs and, quite against one's will,
resisting with all one's strength, howling as if one were in
pain, one was allowed to occupy oneself with nothing else
but the music coming from all sides, from the heights, from
the depths, from everywhere, taking the listener into its
midst, overwhelming, crushing, still blowing fanfares over
its destruction so close that it was already far away, barely
audible.

Und wieder wurde man entlassen, weil man schon   3.14
zu erschöpft, zu vernichtet, zu schwach war, um
noch zu hören, man wurde entlassen und sah die
sieben kleinen Hunde ihre Prozessionen führen,
ihre Sprünge tun, man wollte sie, so ablehnend sie
aussahen, anrufen, um Belehrung bitten, sie fragen,
was sie denn hier machten –

And again one was dismissed because one was already
too exhausted, too destroyed, too weak to hear, one was
dismissed and saw the seven little dogs leading their
processions, doing their jumps, one wanted to call them, as
dismissive as they looked, to ask them for instruction, to
ask them what they were doing here –

3.15 ich war ein Kind und glaubte immer und jeden fragen zu dürfen –,

I was a child and believed I could always ask anyone –

3.16 aber kaum setzte ich an, kaum fühlte ich die gute, vertraute, hündische Verbindung mit den sieben, war wieder ihre Musik da, machte mich besinnungslos, drehte mich im Kreis herum, als sei ich selbst einer der Musikanten, während ich doch nur ihr Opfer war, warf mich hierhin und dorthin, so sehr ich auch um Gnade bat, und rettete mich schließlich vor ihrer eigenen Gewalt, indem sie mich in ein Gewirr von Hölzern drückte, das in jener Gegend ringsum sich erhob, ohne daß ich es bisher bemerkt hatte, mich jetzt fest umfing, den Kopf mir niederduckte und mir, mochte dort im Freien die Musik noch donnern, die Möglichkeit gab, ein wenig zu verschnaufen.

but as soon as I started, as soon as I felt the good, familiar, canine connection with the seven, their music was there again, made me senseless, spun me round and round as if I were one of the musicians myself, while I was only their victim, threw me here and there, however much I begged for mercy, and finally rescued me from their own violence by pushing me into a tangle of timbers that rose up all around me in that area without my having noticed it before, now embracing me tightly, pressing my head down and giving me the opportunity to catch my breath a little, even if the music was still thundering there in the open air.

3.17 Wahrhaftig, mehr als über die Kunst der sieben Hunde –

Truly, more than the art of the seven dogs –

3.18 sie war mir unbegreiflich,

it was incomprehensible to me,

21

aber auch gänzlich unanknüpfbar außerhalb meiner 3.19
Fähigkeiten – ,

but also completely beyond my abilities –

wunderte ich mich über ihren Mut, sich dem, was sie 3.20
erzeugten, völlig und offen auszusetzen, und über
ihre Kraft, es, ohne daß es ihnen das Rückgrat brach,
ruhig zu ertragen.

I marveled at their courage to expose themselves
completely and openly to what they produced, and at
their strength to endure it calmly without it breaking their
backs.

Freilich erkannte ich jetzt aus meinem Schlupfloch 3.21
bei genauerer Beobachtung, daß es nicht so sehr
Ruhe, als äußerste Anspannung war, mit der sie
arbeiteten, diese scheinbar so sicher bewegten
Beine zitterten bei jedem Schritt in unaufhörlicher
ängstlicher Zuckung, starr wie in Verzweiflung
sah einer den anderen an, und die immer wieder
bewältigte Zunge hing doch gleich wieder schlapp
aus den Mäulern.

Of course, on closer observation, I now realized from my
loophole that it was not so much calmness as extreme
tension with which they worked, these seemingly so
securely moving legs trembled with every step in incessant
anxious twitching, rigidly as if in despair one looked at the
other, and the tongue, which had been mastered again and
again, hung limply out of their mouths again.

Es konnte nicht Angst wegen des Gelingens sein, was 3.22
sie so erregte;

It couldn't be fear of success that excited them so much;

wer solches wagte, solches zustande brachte, der 3.23
konnte keine Angst mehr haben.

anyone who dared to do such a thing, who could
accomplish such a thing, could no longer be afraid.

3.24 **– Wovor denn Angst?**
– Fear of what?

3.25 **Wer zwang sie denn zu tun, was sie hier taten?**
Who forced them to do what they did here?

3.26 **Und ich konnte mich nicht mehr zurückhalten, besonders da sie mir jetzt so unverständlich hilfsbedürftig erschienen, und so rief ich durch allen Lärm meine Fragen laut und fordernd hinaus.**
And I could no longer hold back, especially as they now seemed so incomprehensibly in need of help, and so I shouted out my questions loudly and demandingly through all the noise.

3.27 **Sie aber – unbegreiflich! unbegreiflich!**
But they – incomprehensible! incomprehensible!

3.28 **– sie antworteten nicht, taten, als wäre ich nicht da.**
– they didn't answer, they pretended I wasn't there.

3.29 **Hunde, die auf Hundeanruf gar nicht antworten, ein Vergehen gegen die guten Sitten, das dem kleinsten wie dem größten Hunde unter keinen Umständen verziehen wird.**
Dogs that don't answer a dog's call, an offense against good manners that is unforgivable for the smallest or the largest dog under any circumstances.

3.30 **Waren es etwa doch nicht Hunde?**
Was it not dogs after all?

Aber wie sollten es denn nicht Hunde sein, hörte   3.31
ich doch jetzt bei genauerem Hinhorchen sogar
leise Zurufe, mit denen sie einander befeuerten,
auf Schwierigkeiten aufmerksam machten, vor
Fehlern warnten, sah ich doch den letzten kleinsten
Hund, dem die meisten Zurufe galten, öfters nach
mir hinschielen, so als hätte er viel Lust, mir zu
antworten, bezwänge sich aber, weil es nicht sein
dürfe.

But how could they not be dogs, since, on closer inspection,
I could hear them shouting softly to each other, drawing
attention to difficulties, warning of mistakes, and I could
see the last, smallest dog, to whom most of the shouts were
directed, squinting at me from time to time, as if he had a
great desire to answer me, but was constraining himself
because it was not allowed.

Aber warum durfte es nicht sein, warum durfte   3.32
denn das, was unsere Gesetze bedingungslos immer
verlangen, diesmal nicht sein?

But why couldn't it be, why couldn't it be this time, what
our laws always demand unconditionally?

Das empörte sich in mir, fast vergaß ich die Musik.   3.33

It outraged me, I almost forgot about the music.

Diese Hunde hier vergingen sich gegen das Gesetz.   3.34

These dogs here were breaking the law.

Mochten es noch so große Zauberer sein, das Gesetz   3.35
galt auch für sie, das verstand ich Kind schon ganz
genau.

No matter how great wizards they were, the law applied to
them too, I understood that very clearly as a child.

Und ich merkte von da aus noch mehr.   3.36

And I realized even more from there.

24

3.37   Sie hatten wirklich Grund zu schweigen, vorausgesetzt, daß sie aus Schuldgefühl schwiegen.

They really had reason to remain silent, provided that they remained silent out of a sense of guilt.

3.38   Denn wie führten sie sich auf, vor lauter Musik hatte ich es bisher nicht bemerkt, sie hatten ja alle Scham von sich geworfen, die elenden taten das gleichzeitig Lächerlichste und Unanständigste, sie gingen aufrecht auf den Hinterbeinen.

For how they behaved, I had not noticed it before because of all the music, they had thrown away all shame, the wretched ones did the most ridiculous and indecent thing at the same time, they walked upright on their hind legs.

3.39   Pfui Teufel!

Ugh!

3.40   Sie entblößten sich und trugen ihre Blöße protzig zur Schau:

They uncovered themselves and flaunted their nakedness:

3.41   sie taten sich darauf zugute, und wenn sie einmal auf einen Augenblick dem guten Trieb gehorchten und die Vorderbeine senkten, erschraken sie förmlich, als sei es ein Fehler, als sei die Natur ein Fehler, hoben wieder schnell die Beine und ihr Blick schien um Verzeihung dafür zu bitten, daß sie in ihrer Sündhaftigkeit ein wenig hatten innehalten müssen.

they took credit for it, and when they obeyed their good instinct for a moment and lowered their forelegs, they literally shuddered, as if it were a mistake, as if nature were a mistake, quickly raised their legs again, and their eyes seemed to beg forgiveness for having had to pause a little in their sinfulness.

War die Welt verkehrt? Wo war ich? Was war denn geschehen? 3.42

Was the world wrong? Where was I? What had happened?

Hier durfte ich um meines eigenen Bestandes willen nicht mehr zögern, ich machte mich los aus den umklammernden Hölzern, sprang mit einem Satz hervor und wollte zu den Hunden, ich kleiner Schüler mußte Lehrer sein, mußte ihnen begreiflich machen, was sie taten, mußte sie abhalten vor weiterer Versündigung. 3.43

Here I could no longer hesitate for the sake of my own existence, I freed myself from the clutching timbers, jumped out with one leap and wanted to go to the dogs, I little pupil had to be a teacher, had to make them understand what they were doing, had to keep them from further sin.

»So alte Hunde, so alte Hunde!« 3.44

"Such old dogs, such old dogs!"

wiederholte ich mir immerfort. 3.45

I kept repeating to myself.

Aber kaum war ich frei und nur noch zwei, drei Sprünge trennten mich von den Hunden, war es wieder der Lärm, der seine Macht über mich bekam. 3.46

But as soon as I was free and only two or three jumps separated me from the dogs, it was the noise again that got the better of me.

3.47 Vielleicht hätte ich in meinem Eifer sogar ihm, den ich doch nun schon kannte, widerstanden, wenn nicht durch alle seine Fülle, die schrecklich war, aber vielleicht doch zu bekämpfen, ein klarer, strenger, immer sich gleich bleibender, förmlich aus großer Ferne unverändert ankommender Ton, vielleicht die eigentliche Melodie inmitten des Lärms, geklungen und mich in die Knie gezwungen hätte.

Perhaps in my eagerness I would even have resisted it, which I already knew, if a clear, stern, unchanging sound had not resounded through all its fullness, which was terrible, but could perhaps be fought against, and perhaps the real melody in the midst of the noise, and brought me to my knees.

3.48 Ach, was machten doch diese Hunde für eine betörende Musik.

Oh, what beguiling music these dogs made.

3.49 Ich konnte nicht weiter, ich wollte sie nicht mehr belehren, mochten sie weiter die Beine spreizen, Sünden begehen und andere zur Sünde des stillen Zuschauens verlocken, ich war ein so kleiner Hund, wer konnte so Schweres von mir verlangen?

I couldn't go on, I didn't want to teach them any more, let them keep spreading their legs, committing sins and tempting others to the sin of silent watching, I was such a small dog, who could ask such heavy things of me?

3.50 Ich machte mich noch kleiner, als ich war, ich winselte, hätten mich danach die Hunde um meine Meinung gefragt, ich hätte ihnen vielleicht recht gegeben.

I made myself even smaller than I was, I whimpered, if the dogs had asked me for my opinion afterwards, I might have agreed with them.

Es dauerte übrigens nicht lange und sie   3.51
verschwanden mit allem Lärm und allem Licht in
der Finsternis, aus der sie gekommen waren.
Incidentally, it didn't take long for them to disappear into
the darkness from whence they had come, along with all
the noise and light.

Wie ich schon sagte: dieser ganze Vorfall enthielt   4.1
nichts Außergewöhnliches, im Verlauf eines langen
Lebens begegnet einem mancherlei, was, aus dem
Zusammenhang genommen und mit den Augen eines
Kindes angesehen, noch viel erstaunlicher wäre.
As I have already said, there was nothing extraordinary
about this whole incident; in the course of a long life
one encounters many things which, taken out of context
and seen with the eyes of a child, would be even more
astonishing.

Überdies kann man es natürlich –   4.2
Moreover, one can of course –

wie der treffende Ausdruck lautet –   4.3
as the apt expression goes –

>verreden<, so wie alles, dann zeigt sich, daß hier   4.4
sieben Musiker zusammengekommen waren, um
in der Stille des Morgens Musik zu machen, daß
ein kleiner Hund sich hinverirrt hatte, ein lästiger
Zuhörer, den sie durch besonders schreckliche oder
erhabene Musik leider vergeblich zu vertreiben
suchten.
>talk it away<, just like everything else, then it turns out
that seven musicians had come together here to make
music in the stillness of the morning, that a little dog
had strayed there, an annoying listener, whom they
unfortunately tried in vain to drive away with particularly
terrible or sublime music.

4.5 Er störte sie durch Fragen, hätten sie, die schon durch die bloße Anwesenheit des Fremdlings genug gestört waren, auch noch auf diese Belästigung eingehen und sie durch Antworten vergrößern sollen?

He disturbed them by asking questions; should they, who were already disturbed enough by the mere presence of the stranger, have responded to this nuisance and increased it by answering?

4.6 Und wenn auch das Gesetz befiehlt, jedem zu antworten, ist denn ein solcher winziger, hergelaufener Hund überhaupt ein nennenswerter Jemand?

And even if the law commands everyone to answer, is such a tiny, wandering dog a person worth mentioning at all?

4.7 Und vielleicht verstanden sie ihn gar nicht,

And perhaps they didn't understand him at all,

4.8 er bellte ja doch wohl seine Fragen recht unverständlich.

as he barked his questions quite incomprehensibly.

4.9 Oder vielleicht verstanden sie ihn wohl und antworteten in Selbstüberwindung, aber er, der Kleine, der Musik-Ungewohnte, konnte die Antwort von der Musik nicht sondern.

Or perhaps they did understand him and answered in self-conceit, but he, the little one, unaccustomed to music, could not understand the answer from the music.

4.10 Und was die Hinterbeine betrifft, vielleicht gingen sie wirklich ausnahmsweise nur auf ihnen, es ist eine Sünde, wohl!

And as for the hind legs, perhaps they really did walk on them for once, it's a sin, I suppose!

Aber sie waren allein, sieben Freunde unter   4.11
Freunden, im vertraulichen Beisammensein,
gewissermaßen in den eigenen vier Wänden,
gewissermaßen ganz allein, denn Freunde sind doch
keine Öffentlichkeit und wo keine Öffentlichkeit ist,
bringt sie auch ein kleiner, neugieriger Straßenhund
nicht hervor, in diesem Fall aber:

But they were alone, seven friends among friends, in a
confidential get-together, in their own four walls, so to
speak, completely alone, because friends are not public and
where there is no public, even a small, curious street dog
does not bring them out, but in this case:

ist es hier nicht so, als wäre nichts geschehen?   4.12

isn't it as if nothing had happened here?

Ganz so ist es nicht, aber nahezu, und die Eltern   4.13
sollten ihre Kleinen weniger herumlaufen und dafür
besser schweigen und das Alter achten lehren.

It's not quite like that, but almost, and parents should let
their little ones run around less and instead keep quiet and
teach them to respect their age.

Ist man soweit, dann ist der Fall erledigt.   5.1

Once you are ready, the case is closed.

Freilich, was für die Großen erledigt ist, ist es für die   5.2
Kleinen noch nicht.

Of course, what is done for the grown-ups is not yet done
for the little ones.

5.3 Ich lief umher, erzählte und fragte, klagte an und forschte und wollte jeden hinziehen zu dem Ort, wo alles geschehen war, und wollte jedem zeigen, wo ich gestanden war und wo die sieben gewesen und wo und wie sie getanzt und musiziert hatten und, wäre jemand mit mir gekommen, statt daß mich jeder abgeschüttelt und ausgelacht hätte, ich hätte dann wohl meine Sündlosigkeit geopfert und mich auch auf die Hinterbeine zu stellen versucht, um alles genau zu verdeutlichen.

I ran around, telling and asking, accusing and inquiring, wanting to draw everyone to the place where everything had happened, wanting to show everyone where I had stood and where the seven had been and where and how they had danced and made music and, if someone had come with me instead of everyone shaking me off and laughing at me, I would probably have sacrificed my sinlessness and tried to stand on my hind legs to make everything clear.

5.4 Nun, einem Kinde nimmt man alles übel, verzeiht ihm aber schließlich auch alles.

Well, a child is resented for everything, but ultimately forgiven for everything.

5.5 Ich aber habe dieses kindhafte Wesen behalten und bin darüber ein alter Hund geworden.

But I kept this childlike nature and became an old dog.

So wie ich damals nicht aufhörte, jenen Vorfall, den   5.6
ich allerdings heute viel niedriger einschätze, laut
zu besprechen, in seine Bestandteile zu zerlegen, an
den Anwesenden zu messen ohne Rücksicht auf die
Gesellschaft, in der ich mich befand, nur immer mit
der Sache beschäftigt, die ich lästig fand genau so wie
jeder andere, die ich aber –

Just as I never stopped discussing the incident out loud,
breaking it down into its component parts, measuring it
against those present, regardless of the company I was in,
only ever concerned with the thing that I found annoying,
just like everyone else, but which –

das war der Unterschied –   5.7

that was the difference –

gerade deshalb restlos durch Untersuchung   5.8
auflösen wollte, um den Blick endlich wieder
freizubekommen für das gewöhnliche, ruhige,
glückliche Leben des Tages.

I wanted to resolve completely through investigation,
in order to finally clear my mind for the ordinary, calm,
happy life of the day.

Ganz so wie damals habe ich,   5.9

I worked in exactly the same way back then,

wenn auch mit weniger kindlichen Mitteln –   5.10

albeit with less childlike means –

aber sehr groß ist der Unterschied nicht –   5.11

but the difference is not very great –

in der Folgezeit gearbeitet und halte auch heute nicht   5.12
weiter.

in the period that followed, and I'm not stopping now.

6.1 Mit jenem Konzert aber begann es.

But it began with that concert.

6.2 Ich klage nicht darüber, es ist mein eingeborenes Wesen, das hier wirkt und das sich gewiß, wenn das Konzert nicht gewesen wäre, eine andere Gelegenheit gesucht hätte, um durchzubrechen.

I am not complaining about it, it is my innate nature that is at work here and which, if it had not been for the concert, would certainly have sought another opportunity to break through.

6.3 Nur daß es so bald geschah, tat mir früher manchmal leid, es hat mich um einen großen Teil meiner Kindheit gebracht, das glückselige Leben der jungen Hunde, das mancher für sich jahrelang auszudehnen imstande ist, hat für mich nur wenige kurze Monate gedauert.

It was only that it happened so soon that I used to feel sorry sometimes, it deprived me of a large part of my childhood, the blissful life of the young dogs, which some people are able to extend for years, lasted only a few short months for me.

6.4 Sei's drum. Es gibt wichtigere Dinge als die Kindheit.

So be it. There are more important things than childhood.

6.5 Und vielleicht winkt mir im Alter, erarbeitet durch ein hartes Leben, mehr kindliches Glück, als ein wirkliches Kind zu ertragen die Kraft hätte, die ich dann aber haben werde.

And perhaps in old age, earned through a hard life, more childlike happiness beckons me than a real child would have the strength to endure, which I will then have.

Ich begann damals meine Untersuchungen mit den einfachsten Dingen, an Material fehlte es nicht, leider, der Überfluß ist es, der mich in dunklen Stunden verzweifeln läßt.

7.1

I began my investigations at that time with the simplest things, there was no lack of material, unfortunately, it is the abundance that makes me despair in dark hours.

Ich begann zu untersuchen, wovon sich die Hundeschaft nährt.

7.2

I began to investigate what the dog population feeds on.

7.3 Das ist nun, wenn man will, natürlich keine einfache
Frage, sie beschäftigt uns seit Urzeiten, sie ist der
Hauptgegenstand unseres Nachdenkens, zahllos sind
die Beobachtungen und Versuche und Ansichten auf
diesem Gebiete, es ist eine Wissenschaft geworden,
die in ihren ungeheuren Ausmaßen nicht nur
über die Fassungskraft des einzelnen, sondern
über jene aller Gelehrten insgesamt geht und
ausschließlich von niemandem anderen als von
der gesamten Hundeschaft und selbst von dieser
nur seufzend und nicht ganz vollständig getragen
werden kann, immer wieder abbröckelt in altem,
längst besessenem Gut und mühselig ergänzt
werden muß, von den Schwierigkeiten und kaum
zu erfüllenden Voraussetzungen meiner Forschung
ganz zu schweigen.

This is, if you like, of course not a simple question, it
has occupied us since time immemorial, it is the main
object of our thought, countless are the observations and
experiments and opinions in this field, it has become a
science which in its immense dimensions not only exceeds
the powers of comprehension of the individual, but of
all scholars as a whole, but of all scholars as a whole, and
can only be borne by no one other than the entire canine
community, and even by the latter only with a sigh and
not quite completely, crumbling away again and again in
old, long possessed material and having to be laboriously
supplemented, not to mention the difficulties and hardly
fulfillable prerequisites of my research.

Das alles wende man mir nicht ein, das alles weiß   7.4
ich, wie nur irgendein Durchschnittshund, es fällt
mir nicht ein, mich in die wahre Wissenschaft
zu mengen, ich habe alle Ehrfurcht vor ihr, die
ihr gebührt, aber sie zu vermehren fehlt es mir an
Wissen und Fleiß und Ruhe und –

I know all this like only an average dog, it does not occur to
me to mingle with true science, I have all the reverence for
it that it deserves, but to increase it I lack knowledge and
diligence and calm and –

nicht zuletzt, besonders seit einigen Jahren – auch an   7.5
Appetit.

last but not least, especially in recent years – also appetite.

Ich schlinge das Essen hinunter,   7.6

I gulp down the food,

aber der geringsten vorgängigen geordneten   7.7
landwirtschaftlichen Betrachtung ist es mir nicht
wert.

but it is not worth the slightest prior agricultural
consideration to me.

Mir genügt in dieser Hinsicht der Extrakt aller   7.8
Wissenschaft, die kleine Regel, mit welcher die
Mütter die Kleinen von ihren Brüsten ins Leben
entlassen:

In this respect, the extract of all science is enough for me,
the little rule with which mothers release the little ones
from their breasts into life:

»Mache alles naß, soviel du kannst.«   7.9

"Wet everything as much as you can."

Und ist hier nicht wirklich fast alles enthalten?   7.10

And doesn't this really contain almost everything?

7.11 Was hat die Forschung, von unseren Urvätern angefangen, entscheidend Wesentliches denn hinzuzufügen?

What has research, starting with our forefathers, added that is decisively essential?

7.12 Einzelheiten, Einzelheiten und wie unsicher ist alles.

Details, details and how uncertain everything is.

7.13 Diese Regel aber wird bestehen, solange wir Hunde sind.

But this rule will remain as long as we are dogs.

7.14 Sie betrifft unsere Hauptnahrung.

It concerns our main food.

7.15 Gewiß, wir haben noch andere Hilfsmittel, aber im Notfall und wenn die Jahre nicht zu schlimm sind, könnten wir von dieser Hauptnahrung leben, diese Hauptnahrung finden wir auf der Erde, die Erde aber braucht unser Wasser, nährt sich von ihm, und nur für diesen Preis gibt sie uns unsere Nahrung, deren Hervorkommen man allerdings, dies ist auch nicht zu vergessen, durch bestimmte Sprüche, Gesänge, Bewegungen beschleunigen kann.

Certainly, we have other resources, but in an emergency and if the years are not too bad, we could live on this main food, this main food we find on the earth, but the earth needs our water, feeds on it, and only for this price does it give us our food, the coming forth of which, however, we cannot forget, can be accelerated by certain sayings, chants, movements.

7.16 Das ist aber meiner Meinung nach alles;

But in my opinion, that is all;

von dieser Seite her ist über diese Sache   7.17
grundsätzlich nicht mehr zu sagen.

from this point of view, there is basically nothing more to
say about this matter.

Hierin bin ich auch einig mit der ganzen Mehrzahl   7.18
der Hundeschaft und von allen in dieser Hinsicht
ketzerischen Ansichten wende ich mich streng ab.

In this I am also in agreement with the majority of the dog
community and I strictly reject all heretical views in this
respect.

Wahrhaftig, es geht mir nicht um Besonderheiten,   7.19
um Rechthaberei, ich bin glücklich, wenn ich mit den
Volksgenossen übereinstimmen kann, und in diesem
Falle geschieht es.

Truly, I am not concerned with particularities or
dogmatism; I am happy when I can agree with the people,
and in this case I do.

Meine eigenen Unternehmungen gehen aber in   7.20
anderer Richtung.

My own undertakings, however, go in a different direction.

Der Augenschein lehrt mich, daß die Erde, wenn sie   7.21
nach den Regeln der Wissenschaft besprengt und
bearbeitet wird, die Nahrung hergibt, und zwar in
solcher Qualität, in solcher Menge, auf solche Art,
an solchen Orten, zu solchen Stunden, wie es die
gleichfalls von der Wissenschaft ganz oder teilweise
festgestellten Gesetze verlangen.

Appearance teaches me that the earth, when sprinkled and
cultivated according to the rules of science, yields food of
such quality, in such quantity, in such manner, in such
places, at such hours, as the laws, likewise established in
whole or in part by science, require.

7.22 **Das nehme ich hin, meine Frage aber ist:**
I accept that, but my question is:

7.23 **»Woher nimmt die Erde diese Nahrung?«**
"Where does the earth get this food from?"

7.24 **Eine Frage, die man im allgemeinen nicht zu verstehen vorgibt und auf die man mir bestenfalls antwortet:**
A question that people generally do not pretend to understand and to which they answer me at best:

7.25 **»Hast du nicht genug zu essen,**
"If you do not have enough to eat,

7.26 **werden wir dir von dem unseren geben.«**
we will give you some of ours."

7.27 **Man beachte diese Antwort.**
Note this answer.

7.28 **Ich weiß: Es gehört nicht zu den Vorzügen der Hundeschaft, daß wir Speisen, die wir einmal erlangt haben, zur Verteilung bringen.**
I know that it is not one of the advantages of being a dog that we bring food, once we have obtained it, for distribution.

7.29 **Das Leben ist schwer, die Erde spröde, die Wissenschaft reich an Erkenntnissen, aber arm genug an praktischen Erfolgen;**
Life is hard, the earth brittle, science rich in knowledge, but poor enough in practical successes;

7.30 **wer Speise hat, behält sie;**
he who has food keeps it;

das ist nicht Eigennutz, sondern das Gegenteil, ist Hundegesetz, ist einstimmiger Volksbeschluß, hervorgegangen aus Überwindung der Eigensucht, denn die Besitzenden sind ja immer in der Minderzahl. 7.31

this is not self-interest, but the opposite, it is dog law, it is a unanimous popular decision, the result of overcoming selfishness, for the possessors are always in the minority.

Und darum ist jene Antwort: 7.32

And that's why the answer:

»Hast du nicht genug zu essen, 7.33

"If you don't have enough to eat,

werden wir dir von dem unseren geben« 7.34

we'll give you some of ours"

eine ständige Redensart, ein Scherzwort, eine Neckerei. 7.35

is a constant saying, a joke, a tease.

Ich habe das nicht vergessen. 7.36

I have not forgotten it.

Aber eine um so größere Bedeutung hatte es für mich, daß man mir gegenüber, damals als ich mich mit meinen Fragen in der Welt umhertrieb, den Spott beiseiteließ – 7.37

But it was all the more significant for me that at that time, when I was wandering about the world with my questions, they left the mockery aside –

man gab mir zwar noch immer nichts zu essen – 7.38

they still didn't give me anything to eat –

7.39 woher hätte man es gleich nehmen sollen – ,

where would they have gotten it from –

7.40 und wenn man es gerade zufällig hatte, vergaß man natürlich in der Raserei des Hungers jede andere Rücksicht, aber das Angebot meinte man ernst, und hie und da bekam ich dann wirklich eine Kleinigkeit, wenn ich schnell genug dabei war, sie an mich zu reißen.

and if they happened to have it, they forgot every other consideration in the frenzy of hunger, of course, but they meant the offer seriously, and here and there I really did get a little something if I was quick enough to snatch it.

7.41 Wie kam es, daß man sich zu mir so besonders verhielt, mich schonte, mich bevorzugte?

How was it that they treated me so specially, went easy on me, favored me?

7.42 Weil ich ein magerer, schwacher Hund war, schlecht genährt und zu wenig um Nahrung besorgt?

Because I was a lean, weak dog, poorly fed and not concerned enough about food?

7.43 Aber es laufen viele schlecht genährte Hunde herum und man nimmt ihnen selbst die elendste Nahrung vor dem Mund weg, wenn man es kann, oft nicht aus Gier, sondern meist aus Grundsatz.

But there are many poorly fed dogs running around and even the most miserable food is taken from their mouths if you can, often not out of greed but mostly out of principle.

7.44 Nein, man bevorzugte mich, ich konnte es nicht so sehr mit Einzelheiten belegen, als daß ich vielmehr den bestimmten Eindruck dessen hatte.

No, they favored me, I could not so much prove it with details as that I had the definite impression of it.

Waren es also meine Fragen, über die man sich
freute, die man für besonders klug ansah?   7.45

So was it my questions that people were happy about, that
they considered particularly clever?

Nein, man freute sich nicht und hielt sie alle für
dumm.   7.46

No, they weren't happy and thought they were all stupid.

Und doch konnten es nur die Fragen sein, die mir die
Aufmerksamkeit erwarben.   7.47

And yet it could only be the questions that got my attention.

Es war, als wolle man lieber das Ungeheuerliche tun,
mir den Mund mit Essen zustopfen –   7.48

It was as if they would rather do the monstrous thing of
stuffing my mouth with food –

man tat es nicht, aber man wollte es – ,   7.49

they didn't, but they wanted to – ,

als meine Fragen dulden.   7.50

than tolerate my questions.

Aber dann hätte man mich doch besser verjagen
können und meine Fragen sich verbitten.   7.51

But then they could have chased me away and forbidden my
questions.

Nein, das wollte man nicht, man wollte zwar meine
Fragen nicht hören, aber gerade wegen dieser meiner
Fragen wollte man mich nicht verjagen.   7.52

No, they didn't want to do that, they didn't want to hear my
questions, but they didn't want to chase me away because
of my questions.

7.53 Es war, so sehr ich ausgelacht, als dummes, kleines Tier behandelt, hin - und hergeschoben wurde, eigentlich die Zeit meines größten Ansehens, niemals hat sich später etwas derartiges wiederholt, überall hatte ich Zutritt, nichts wurde mir verwehrt, unter dem Vorwand rauher Behandlung wurde mir eigentlich geschmeichelt.

As much as I was laughed at, treated like a stupid little animal, pushed back and forth, it was actually the time of my greatest reputation, nothing like that was ever repeated later, I had access everywhere, nothing was denied me, I was actually flattered under the pretext of rough treatment.

7.54 Und alles also doch nur wegen meiner Fragen, wegen meiner Ungeduld, wegen meiner Forschungsbegierde.

And all because of my questions, because of my impatience, because of my thirst for research.

7.55 Wollte man mich damit einlullen, ohne Gewalt, fast liebend mich von einem falschen Wege abbringen, von einem Wege, dessen Falschheit doch nicht so über allem Zweifel stand, daß sie erlaubt hätte, Gewalt anzuwenden?

Was it to lull me, without violence, almost lovingly, from a wrong path, from a path whose falseness was not so beyond all doubt that it would have permitted the use of violence?

7.56 – Auch hielt eine gewisse Achtung und Furcht von Gewaltanwendung ab.

– A certain respect and fear also kept me from using violence.

Ich ahnte schon damals etwas derartiges, heute weiß   7.57
ich es genau, viel genauer als die, welche es damals
taten, es ist wahr, man hat mich ablocken wollen von
meinem Wege.
Even then I suspected something of the kind, today I know
it exactly, much more precisely than those who did at the
time, it is true, they wanted to lure me away from my path.

Es gelang nicht, man erreichte das Gegenteil, meine   7.58
Aufmerksamkeit verschärfte sich.
They did not succeed, they achieved the opposite, my
attention intensified.

Es stellte sich mir sogar heraus, daß ich es war, der   7.59
die andern verlocken wollte, und daß mir tatsächlich
die Verlockung bis zu einem gewissen Grade gelang.
It even turned out that it was I who wanted to entice the
others, and that I actually succeeded in enticing them to a
certain extent.

Erst mit Hilfe der Hundeschaft begann ich meine   7.60
eigenen Fragen zu verstehen.
It was only with the help of the dogs that I began to
understand my own questions.

Wenn ich zum Beispiel fragte: 7.61
For example, when I asked:

Woher nimmt die Erde diese Nahrung, –   7.62
Where does the earth get this food from –

kümmerte mich denn dabei, wie es den Anschein   7.63
haben konnte, die Erde, kümmerten mich etwa der
Erde Sorgen?
did I care about the earth, as it might seem, did I care about
the earth's worries?

7.64 Nicht im geringsten, das lag mir, wie ich bald erkannte, völlig fern, mich kümmerten nur die Hunde, gar nichts sonst.

Not at all, as I soon realized, that was far from my mind, I only cared about the dogs, nothing else.

7.65 Denn was gibt es außer den Hunden?

Because what else is there but the dogs?

7.66 Wen kann man sonst anrufen in der weiten, leeren Welt?

Who else can you call in the wide, empty world?

7.67 Alles Wissen,

All knowledge,

7.68 die Gesamtheit aller Fragen und aller Antworten ist in den Hunden enthalten.

the totality of all questions and all answers is contained in the dogs.

7.69 Wenn man nur dieses Wissen wirksam, wenn man es nur in den hellen Tag bringen könnte, wenn sie nur nicht so unendlich viel mehr wüßten, als sie zugestehen, als sie sich selbst zugestehen.

If only this knowledge were effective, if only it could be brought into the light of day, if only they did not know so infinitely more than they admit, than they admit to themselves.

7.70 Noch der redseligste Hund ist verschlossener, als es die Orte zu sein pflegen, wo die besten Speisen sind.

Even the most talkative dog is more secretive than the places where the best food is to be found.

Man umschleicht den Mithund, man schäumt vor   7.71
Begierde, man prügelt sich selbst mit dem eigenen
Schwanz, man fragt, man bittet, man heult, man
beißt und erreicht –

You sneak around your fellow dog, you fume with desire,
you beat yourself with your own tail, you ask, you plead,
you howl, you bite and you achieve –

und erreicht das, was man auch ohne jede   7.72
Anstrengung erreichen würde:

and achieve what you would achieve without any effort:

liebevolles Anhören, freundliche Berührungen,   7.73
ehrenvolle Beschnupperungen, innige Umarmungen,
mein und dein Heulen mischt sich in eines, alles
ist darauf gerichtet, ein Entzücken, Vergessen und
Finden, aber das eine, was man vor allem erreichen
wollte:

affectionate listening, friendly touches, honorable sniffs,
intimate embraces, my howls and yours mingle into one,
everything is directed towards it, a delight, forgetting and
finding, but the one thing you wanted to achieve above all:

Eingeständnis des Wissens, das bleibt versagt.   7.74

admission of knowledge, that remains denied.

Auf diese Bitte, ob stumm, ob laut, antworten   7.75
bestenfalls, wenn man die Verlockung schon aufs
äußerste getrieben hat, nur stumpfe Mienen, schiefe
Blicke, verhängte, trübe Augen.

This request, whether silent or aloud, is answered at best, if
the temptation has already been taken to the extreme, only
by dull expressions, wry looks, and clouded, bleary eyes.

7.76 Es ist nicht viel anders, als es damals war, da ich als Kind die Musikerhunde anrief und sie schwiegen.

It's not much different from when I called the musician's dogs as a child and they remained silent.

8.1 Nun könnte man sagen:

Now one could say:

8.2 »Du beschwerst dich über deine Mithunde, über ihre Schweigsamkeit hinsichtlich der entscheidenden Dinge, du behauptest, sie wüßten mehr, als sie eingestehen, mehr, als sie im Leben gelten lassen wollen, und dieses Verschweigen, dessen Grund und Geheimnis sie natürlich auch noch mitverschweigen, vergifte das Leben, mache es dir unerträglich, du müßtest es ändern oder es verlassen, mag sein, aber du bist doch selbst ein Hund, hast auch das Hundewissen, nun sprich es aus, nicht nur in Form der Frage, sondern als Antwort.

"You complain about your fellow dogs, about their taciturnity with regard to the decisive things, you claim that they know more than they admit, more than they want to admit in life, and this silence, the reason and secret of which they naturally also conceal, poisons life, makes it unbearable for you, you would have to change it or leave it, perhaps, but you are a dog yourself, you also have dog knowledge, now speak it out, not only in the form of a question, but as an answer.

8.3 Wenn du es aussprichst, wer wird dir widerstehen?

If you say it, who will resist you?

8.4 Der große Chor der Hundeschaft wird einfallen, als hätte er darauf gewartet.

The great chorus of the dog community will fall in as if they had been waiting for it.

47

Dann hast du Wahrheit, Klarheit, Eingeständnis, 8.5
soviel du nur willst.

Then you will have truth, clarity, admission, as much as
you want.

Das Dach dieses niedrigen Lebens, dem du so 8.6
Schlimmes nachsagst, wird sich öffnen und wir
werden alle, Hund bei Hund, aufsteigen in die hohe
Freiheit.

The roof of this low life, which you accuse of being so
bad, will open and we will all, dog by dog, ascend to high
freedom.

Und sollte das Letzte nicht gelingen, sollte es 8.7
schlimmer werden als bisher, sollte die ganze
Wahrheit unerträglicher sein als die halbe, sollte sich
bestätigen, daß die Schweigenden als Erhalter des
Lebens im Rechte sind, sollte aus der leisen Hoffnung,
die wir jetzt noch haben, völlige Hoffnungslosigkeit
werden, des Versuches ist das Wort doch wert, da du
so, wie du leben darfst, nicht leben willst.

And should the last not succeed, should it become worse
than before, should the whole truth be more unbearable
than the half, should it be confirmed that the silent are
in the right as upholders of life, should the faint hope we
still have now become complete hopelessness, the word
is worth trying, since you do not want to live as you are
allowed to live.

Nun also, warum machst du den anderen ihre 8.8
Schweigsamkeit zum Vorwurf und schweigst selbst?«

So why do you reproach the others for their silence and
remain silent yourself?"

Leichte Antwort: Weil ich ein Hund bin. 8.9

Easy answer: Because I'm a dog.

8.10 Im Wesentlichen genau so wie die anderen fest verschlossen, Widerstand leistend den eigenen Fragen, hart aus Angst.

Essentially just like the others, tightly closed, resisting my own questions, hard out of fear.

8.11 Frage ich denn, genau genommen, zumindest seit ich erwachsen bin, die Hundeschaft deshalb, damit sie mir antwortet?

Am I, in fact, at least since I have grown up, asking the dog community to answer me?

8.12 Habe ich so törichte Hoffnungen?

Do I have such foolish hopes?

8.13 Sehe ich die Fundamente unseres Lebens, ahne ihre Tiefe, sehe die Arbeiter beim Bau, bei ihrem finstern Werk, und erwarte noch immer, daß auf meine Fragen hin alles dies beendigt, zerstört, verlassen wird?

Do I see the foundations of our lives, do I sense their depths, do I see the workers at work, at their dark work, and do I still expect that all this will be ended, destroyed, abandoned in response to my questions?

8.14 Nein, das erwarte ich wahrhaftig nicht mehr.

No, I truly no longer expect that.

8.15 Ich verstehe sie, ich bin Blut von ihrem Blut, von ihrem armen, immer wieder jungen, immer wieder verlangenden Blut.

I understand them, I am blood of their blood, of their poor, ever-young, ever-demanding blood.

Aber nicht nur das Blut haben wir gemeinsam, 8.16
sondern auch das Wissen und nicht nur das Wissen,
sondern auch den Schlüssel zu ihm.
But it is not only the blood we have in common, but
also the knowledge and not only the knowledge, but
also the key to it.

Ich besitze es nicht ohne die anderen, 8.17
I do not possess it without the others,

ich kann es nicht haben ohne ihre Hilfe. 8.18
I cannot have it without their help.

– Eisernen Knochen, enthaltend das edelste Mark, 8.19
kann man nur beikommen durch ein gemeinsames
Beißen aller Zähne aller Hunde.
– Iron bones, containing the noblest marrow, can only be
dealt with by all the teeth of all the dogs biting together.

Das ist natürlich nur ein Bild und übertrieben; 8.20
This is of course only an image and an exaggeration;

wären alle Zähne bereit, sie müßten nicht mehr 8.21
beißen, der Knochen würde sich öffnen und das Mark
läge frei dem Zugriff des schwächsten Hündchens.
if all the teeth were ready, they would no longer have to
bite, the bone would open and the marrow would be free to
the grasp of the weakest dog.

Bleibe ich innerhalb dieses Bildes, dann zielen 8.22
meine Absicht, meine Fragen, meine Forschungen
allerdings auf etwas Ungeheuerliches.
If I stay within this image, then my intention, my
questions, my research are aimed at something monstrous.

8.23 Ich will diese Versammlung aller Hunde erzwingen, will unter dem Druck ihres Bereitseins den Knochen sich öffnen lassen, will sie dann zu ihrem Leben, das ihnen lieb ist, entlassen und dann allein, weit und breit allein, das Mark einschlürfen.

I want to force this gathering of all dogs, I want to let the bone open under the pressure of their readiness, then I want to release them to their lives, which are dear to them, and then alone, far and wide alone, slurp down the marrow.

8.24 Das klingt ungeheuerlich, ist fast so, als wollte ich mich nicht vom Mark eines Knochens nur, sondern vom Mark der Hundeschaft selbst nähren.

That sounds monstrous, almost as if I wanted to feed not just on the marrow of a bone, but on the marrow of doghood itself.

8.25 Doch es ist nur ein Bild.

But it's just an image.

8.26 Das Mark, von dem hier die Rede ist, ist keine Speise, ist das Gegenteil, ist Gift.

The marrow we are talking about here is not food, it is the opposite, it is poison.

9.1 Mit meinen Fragen hetze ich nur noch mich selbst, will mich anfeuern durch das Schweigen, das allein ringsum mir noch antwortet.

With my questions, I am only hurrying myself, wanting to be spurred on by the silence that answers me all around me.

Wie lange wirst du es ertragen, daß die Hundeschaft, 9.2
wie du dir durch deine Forschungen immer mehr zu
Bewußtsein bringst, schweigt und immer schweigen
wird? Wie lange wirst du es ertragen, so lautet über
allen Einzelfragen meine eigentliche Lebensfrage:

How long will you put up with the fact that the dog world,
as you are becoming more and more aware through your
research, is silent and will always remain silent? How long
will you put up with it? Above all individual questions, this
is my real question in life:

sie ist nur an mich gestellt und belästigt keinen 9.3
andern.

it is posed only to me and does not bother anyone else.

Leider kann ich sie leichter beantworten als die 9.4
Einzelfragen:

Unfortunately, I can answer it more easily than the
individual questions:

Ich werde es voraussichtlich aushalten bis zu meinem 9.5
natürlichen Ende,

I will probably endure it until my natural end,

den unruhigen Fragen widersteht immer mehr die 9.6
Ruhe des Alters.

the restless questions are increasingly resisted by the calm
of old age.

Ich werde wahrscheinlich schweigend, vom 9.7
Schweigen umgeben, nahezu friedlich, sterben und
ich sehe dem gefaßt entgegen.

I will probably die in silence, surrounded by silence, almost
peacefully, and I look forward to it calmly.

9.8 Ein bewundernswürdig starkes Herz, eine vorzeitig nicht abzunützende Lunge sind uns Hunden wie aus Bosheit mitgegeben, wir widerstehen allen Fragen, selbst den eigenen, Bollwerk des Schweigens, das wir sind.

An admirably strong heart, a lung that cannot be worn out prematurely are given to us dogs as if by malice, we resist all questions, even our own, bulwark of the silence that we are.

10.1 Immer mehr in letzter Zeit überdenke ich mein Leben, suche den entscheidenden, alles verschuldenden Fehler, den ich vielleicht begangen habe, und kann ihn nicht finden.

Lately I've been thinking more and more about my life, looking for the decisive, all-causing mistake that I may have made, and I can't find it.

10.2 Und ich muß ihn doch begangen haben, denn hätte ich ihn nicht begangen und hätte trotzdem durch die redliche Arbeit eines langen Lebens das, was ich wollte, nicht erreicht, so wäre bewiesen, daß das, was ich wollte, unmöglich war und völlige Hoffnungslosigkeit würde daraus folgen.

And yet I must have made it, because if I had not made it and still had not achieved what I wanted through the honest work of a long life, it would have been proven that what I wanted was impossible and complete hopelessness would have followed.

10.3 Sieh das Werk deines Lebens!

See the work of your life!

10.4 Zuerst die Untersuchungen hinsichtlich der Frage:

First of all, the investigations concerning the question:

Woher nimmt die Erde die Nahrung für uns?   10.5
Where does the earth get the food for us?

Ein junger Hund, im Grunde natürlich gierig   10.6
lebenslustig, verzichtete ich auf alle Genüsse, wich
allen Vergnügungen im Bogen aus, vergrub vor
Verlockungen den Kopf zwischen den Beinen und
machte mich an die Arbeit.
A young dog, naturally greedy for life at heart, I renounced
all pleasures, avoided all amusements, buried my head
between my legs from temptations and set to work.

Es war keine Gelehrtenarbeit, weder was die   10.7
Gelehrsamkeit, noch was die Methode, noch was
die Absicht betrifft.
It was not scholarly work, neither in terms of erudition,
nor method, nor intention.

Das waren wohl Fehler,   10.8
They were mistakes,

aber entscheidend können sie nicht gewesen sein.   10.9
but they could not have been decisive.

Ich habe wenig gelernt, denn ich kam frühzeitig   10.10
von der Mutter fort, gewöhnte mich bald an
Selbständigkeit, führte ein freies Leben, und allzu
frühe Selbständigkeit ist dem systematischen Lernen
feindlich.
I learned little, because I left my mother early, soon became
accustomed to independence, led a free life, and too early
independence is inimical to systematic learning.

10.11 Aber ich habe viel gesehen, gehört und mit vielen Hunden der verschiedensten Arten und Berufe gesprochen und alles, wie ich glaube, nicht schlecht aufgefaßt und die Einzelbeobachtungen nicht schlecht verbunden, das hat ein wenig die Gelehrsamkeit ersetzt, außerdem aber ist Selbständigkeit, mag sie für das Lernen ein Nachteil sein, für eigene Forschung ein gewisser Vorzug.

But I have seen a lot, heard a lot and talked to a lot of dogs of different species and professions and, as I believe, I have not misunderstood everything and not badly connected the individual observations, which has somewhat replaced erudition, but moreover, independence is a certain advantage for one's own research, even if it is a disadvantage for learning.

10.12 Sie war in meinem Falle um so nötiger, als ich nicht die eigentliche Methode der Wissenschaft befolgen konnte, nämlich die Arbeiten der Vorgänger zu benützen und mit den zeitgenössischen Forschem mich zu verbinden.

In my case it was all the more necessary as I could not follow the actual method of science, namely to use the work of my predecessors and to connect with contemporary researchers.

10.13 Ich war völlig auf mich allein angewiesen, begann mit dem allerersten Anfang und mit dem für die Jugend beglückenden, für das Alter dann aber äußerst niederdrückenden Bewußtsein, daß der zufällige Schlußpunkt, den ich setzen werde, auch der endgültige sein müsse.

I had to rely entirely on myself, starting with the very first beginning and with the awareness, exhilarating for youth but extremely depressing for old age, that the accidental conclusion I would reach would also have to be the final one.

War ich wirklich so allein mit meinen Forschungen,   10.14
Was I really so alone with my research,

jetzt und seit jeher? Ja und nein.   10.15
now and ever since? Yes and no.

Es ist unmöglich, daß nicht immer und auch heute   10.16
einzelne Hunde hier und dort in meiner Lage waren
und sind.
It is impossible that individual dogs here and there have
not always been and are not still in my position.

So schlimm kann es mit mir nicht stehen.   10.17
Things can't be that bad with me.

Ich bin kein Haarbreit außerhalb des Hundewesens.   10.18
I am not a hair's breadth outside the dog world.

Jeder Hund hat wie ich den Drang zu fragen, und ich   10.19
habe wie jeder Hund den Drang zu schweigen.
Like me, every dog has the urge to ask, and like every dog, I
have the urge to remain silent.

Jeder hat den Drang zu fragen.   10.20
Everyone has the urge to ask.

Hätte ich denn sonst durch meine Fragen auch nur   10.21
die leichtesten Erschütterungen erreichen können,
die zu sehen mir oft mit Entzücken, übertriebenem
Entzücken allerdings, vergönnt war, und hätte ich
denn, wenn es sich mit mir nicht so verhielte, nicht
viel mehr erreichen müssen.
Otherwise could I have achieved by my questions even the
slightest shocks, which I was often granted to see with
delight, exaggerated delight, however, and if it had not
been so with me, would I not have achieved much more.

10.22 Und daß ich den Drang zu schweigen habe, bedarf leider keines besonderen Beweises.

And that I have the urge to remain silent unfortunately needs no special proof.

10.23 Ich bin also grundsätzlich nicht anders als jeder andere Hund, darum wird mich trotz allen Meinungsverschiedenheiten und Abneigungen im Grunde jeder anerkennen und ich werde es mit jedem Hund nicht anders tun.

So I am basically no different from any other dog, which is why, despite all differences of opinion and dislikes, everyone will basically recognize me and I will do the same with every dog.

10.24 Nur die Mischung der Elemente ist verschieden, ein persönlich sehr großer, volklich bedeutungsloser Unterschied.

Only the mixture of elements is different, a personally very big difference that is meaningless to the people.

10.25 Und nun sollte die Mischung dieser immer vorhandenen Elemente innerhalb der Vergangenheit und Gegenwart niemals ähnlich der meinen ausgefallen sein und, wenn man meine Mischung unglücklich nennen will, nicht auch noch viel unglücklicher?

And now the mixture of these ever-present elements within the past and present should never have been similar to mine and, if you want to call my mixture unfortunate, not even more unfortunate?

10.26 Das wäre gegen alle übrige Erfahrung.

That would be contrary to all other experience.

10.27 In den wunderbarsten Berufen sind wir Hunde beschäftigt.

We dogs are employed in the most wonderful professions.

Berufe, an die man gar nicht glauben würde, wenn   10.28
man nicht die vertrauenswürdigsten Nachrichten
darüber hätte.

Jobs that you wouldn't believe in if you didn't have the
most trustworthy news about them.

Ich denke hier am liebsten an das Beispiel der   10.29
Lufthunde.

I prefer to think of the example of air dogs.

Als ich zum erstenmal von einem hörte, lachte ich,   10.30
ließ es mir auf keine Weise einreden.

When I heard about one for the first time, I laughed and
didn't let anyone talk me into it.

Wie?   10.31

How?

Es sollte einen Hund von allerkleinster Art geben,   10.32
nicht viel größer als mein Kopf, auch im hohen
Alter nicht größer, und dieser Hund, natürlich
schwächlich, dem Anschein nach ein künstliches,
unreifes, übersorgfältig frisiertes Gebilde, unfähig,
einen ehrlichen Sprung zu tun, dieser Hund sollte,
wie man erzählte, meistens hoch in der Luft sich
fortbewegen, dabei aber keine sichtbare Arbeit
machen, sondern ruhen.

There was supposed to be a dog of the smallest kind, not
much bigger than my head, not bigger even in old age,
and this dog, naturally weak, apparently an artificial,
immature, over-carefully coiffed creature, incapable of
making an honest leap, this dog was supposed, as they said,
to move mostly high in the air, but to do no visible work,
but to rest.

10.33 Nein, solche Dinge mir einreden wollen, das hieß
doch die Unbefangenheit eines jungen Hundes gar zu
sehr ausnützen, glaubte ich.
No, I thought, trying to persuade me of such things
would be taking too much advantage of a young dog's
impartiality.

10.34 Aber kurz darauf hörte ich von anderer Seite von
einem anderen Lufthund erzählen.
But shortly afterwards I heard from another side about
another air dog.

10.35 Hatte man sich vereinigt, mich zum besten zu
halten?
Had they agreed to keep me for the best?

10.36 Dann aber sah ich die Musikerhunde, und von
der Zeit an hielt ich es für möglich, kein Vorurteil
beschränkte meine Fassungskraft, den unsinnigsten
Gerüchten ging ich nach, verfolgte sie, soweit ich
konnte, das Unsinnigste erschien mir in diesem
unsinnigen Leben wahrscheinlicher als das Sinnvolle
und für meine Forschung besonders ergiebig.
But then I saw the musician dogs, and from then on I
thought it was possible, no prejudice limited my powers
of comprehension, I followed the most absurd rumors,
pursued them as far as I could, the most absurd seemed
more likely than the sensible in this absurd life and
particularly fruitful for my research.

10.37 So auch die Lufthunde.
The air dogs were no exception.

Ich erfuhr vielerlei über sie, es gelang mir zwar bis heute nicht, einen zu sehen, aber von ihrem Dasein bin ich schon längst fest überzeugt und in meinem Weltbild haben sie ihren wichtigen Platz.   10.38

I learned many things about them, and although I have not yet managed to see one, I have long been firmly convinced of their existence and they have an important place in my world view.

Wie meistens so auch hier ist es natürlich nicht die Kunst,   10.39

As is usually the case,

die mich vor allem nachdenklich macht.   10.40

it is of course not the art that makes me think.

Es ist wunderbar, wer kann das leugnen, daß diese Hunde in der Luft zu schweben imstande sind, im Staunen darüber bin ich mit der Hundeschaft einig.   10.41

It is wonderful, who can deny it, that these dogs are capable of floating in the air, I agree with the dog community in my amazement.

Aber viel wunderbarer ist für mein Gefühl die Unsinnigkeit,   10.42

But what I find much more wonderful is the absurdity,

die schweigende Unsinnigkeit dieser Existenzen.   10.43

the silent absurdity of these existences.

Im allgemeinen wird sie gar nicht begründet, sie schweben in der Luft, und dabei bleibt es, das Leben geht weiter seinen Gang, hie und da spricht man von Kunst und Künstlern, das ist alles.   10.44

In general, they are not justified at all, they float in the air, and that's that, life goes on as usual, here and there people talk about art and artists, that's all.

10.45 Aber warum, grundgütige Hundeschaft, warum nur schweben die Hunde?

But why, good dogs, why do dogs float?

10.46 Welchen Sinn hat ihr Beruf?

What is the point of their profession?

10.47 Warum ist kein Wort der Erklärung von ihnen zu bekommen?

Why can't you get a word of explanation from them?

10.48 Warum schweben sie dort oben, lassen die Beine, den Stolz des Hundes verkümmern, sind getrennt von der nährenden Erde, säen nicht und ernten doch, werden angeblich sogar auf Kosten der Hundeschaft besonders gut genährt.

Why do they hover up there, let the legs, the pride of the dog wither away, are separated from the nourishing earth, do not sow and yet reap, are supposedly even particularly well nourished at the expense of doghood.

10.49 Ich kann mir schmeicheln, daß ich durch meine Fragen in diese Dinge doch ein wenig Bewegung gebracht habe.

I can flatter myself that my questions have brought a little movement into these matters.

10.50 Man beginnt zu begründen, eine Art Begründung zusammenzuhaspeln, man beginnt, und wird allerdings auch über diesen Beginn nicht hinausgehen.

People are beginning to justify things, to concoct a kind of justification, they are beginning and will not, however, go beyond this beginning.

10.51 Aber etwas ist es doch.

But it is something.

Und es zeigt sich dabei zwar nicht die Wahrheit –   10.52
And although this does not reveal the truth –

niemals wird man soweit kommen – ,   10.53
we will never get that far –

aber doch etwas von der tiefen Verwirrung der Lüge.   10.54
it does reveal something of the deep confusion of lies.

Alle unsinnigen Erscheinungen unseres Lebens und   10.55
die unsinnigsten ganz besonders lassen sich nämlich
begründen.
All nonsensical phenomena in our lives, and the most
nonsensical in particular, can be explained.

Nicht vollständig natürlich – das ist der teuflische   10.56
Witz – ,
Not completely, of course – that's the devil's joke –

aber um sich gegen peinliche Fragen zu schützen,   10.57
reicht es hin.
but enough to protect us from embarrassing questions.

Die Lufthunde wieder als Beispiel genommen: 10.58
Taking the air dogs as an example again:

sie sind nicht hochmütig, wie man zunächst   10.59
glauben könnte, sie sind vielmehr der Mithunde
besonders bedürftig, versucht man sich in ihre Lage
zu versetzen, versteht man es.
they are not arrogant, as one might think at first, they are
rather particularly in need of fellow dogs; if one tries to put
oneself in their shoes, one understands.

Sie müssen ja, wenn sie es schon nicht offen tun   10.60
können –
If they can't do it openly –

10.61 das wäre Verletzung der Schweigepflicht –,
that would be a breach of confidentiality –

10.62 so doch auf irgendeine andere Art für ihre
Lebensweise Verzeihung zu erlangen suchen oder
wenigstens von ihr ablenken, sie vergessen machen –
they have to try to obtain forgiveness for their way of life
in some other way or at least distract from it, make people
forget it –

10.63 sie tun das, wie man mir erzählt, durch eine fast
unerträgliche Geschwätzigkeit.
they do this, I am told, through an almost unbearable
loquacity.

10.64 Immerfort haben sie zu erzählen, teils von ihren
philosophischen Überlegungen, mit denen sie sich,
da sie auf körperliche Anstrengung völlig verzichtet
haben, fortwährend beschäftigen können, teils von
den Beobachtungen, die sie von ihrem erhöhten
Standort aus machen.
They always have something to say, partly about their
philosophical reflections, with which they can constantly
occupy themselves since they have completely renounced
physical exertion, and partly about the observations they
make from their elevated position.

Und obwohl sie sich, was bei einem solchen   10.65
Lotterleben selbstverständlich ist, durch Geisteskraft
nicht sehr auszeichnen, und ihre Philosophie
so wertlos ist wie ihre Beobachtungen, und die
Wissenschaft kaum etwas davon verwenden kann
und überhaupt auf so jämmerliche Hilfsquellen nicht
angewiesen ist, trotzdem wird man, wenn man fragt,
was die Lufthunde überhaupt wollen, immer wieder
zur Antwort bekommen, daß sie zur Wissenschaft
viel beitragen.

And although they do not excel in mental power, which
is natural in such a solder's life, and their philosophy is
as worthless as their observations, and science can hardly
use any of it and is not at all dependent on such miserable
sources of help, nevertheless, if one asks what the aerial
dogs want at all, one will always get the answer that they
contribute much to science.

»Das ist richtig«, sagt man darauf,   10.66

"That's true", they say,

»aber ihre Beiträge sind wertlos und lästig.«   10.67

"but their contributions are worthless and annoying."

Die weitere Antwort ist Achselzucken, Ablenkung,   10.68
Ärger oder Lachen, und in einem Weilchen, wenn
man wieder fragt, erfährt man doch wiederum, daß
sie zur Wissenschaft beitragen, und schließlich,
wenn man nächstens gefragt wird und sich nicht sehr
beherrscht, antwortet man das Gleiche.

The next answer is a shrug, distraction, annoyance or
laughter, and in a little while, when you ask again, you are
told that they contribute to science, and finally, when you
are asked again and are not very self-controlled, you answer
the same thing.

10.69 Und vielleicht ist es auch gut, nicht allzu hartnäckig zu sein und sich zu fügen, die schon bestehenden Lufthunde nicht in ihrer Lebensberechtigung anzuerkennen, was unmöglich ist, aber doch zu dulden.

And perhaps it is also good not to be too stubborn and to submit to not recognizing the already existing air dogs in their right to live, which is impossible, but to tolerate them.

10.70 Aber mehr darf man nicht verlangen, das ginge zu weit, und man verlangt es doch.

But you can't demand more, that would be going too far, and yet it is demanded.

10.71 Man verlangt die Duldung immer neuer Lufthunde, die heraufkommen.

They demand that we tolerate more and more new air dogs coming up.

10.72 Man weiß gar nicht genau, woher sie kommen.

We don't know exactly where they come from.

10.73 Vermehren sie sich durch Fortpflanzung?

Do they reproduce?

10.74 Haben sie denn noch die Kraft dazu, sie sind ja nicht viel mehr als ein schönes Fell, was soll sich hier fortpflanzen?

Do they still have the strength to do so, they are not much more than a beautiful coat, what is there to reproduce?

10.75 Auch wenn das Unwahrscheinliche möglich wäre,

Even if the improbable were possible,

10.76 wann sollte es geschehen?

when would it happen?

Immer sieht man sie doch allein, selbstgenügsam
oben in der Luft, und wenn sie einmal zu laufen sich
herablassen, geschieht es nur ein kleines Weilchen
lang, ein paar gezierte Schritte und immer wieder
nur streng allein und in angeblichen Gedanken, von
denen sie sich, selbst wenn sie sich anstrengen, nicht
losreißen können, wenigstens behaupten sie das.

10.77

You always see them alone, self-sufficiently up in the air,
and if they ever lower themselves to walk, it only happens
for a little while, a few graceful steps and always strictly
alone and in supposed thoughts, from which they cannot
tear themselves away, even if they try hard, at least that's
what they claim.

Wenn sie sich aber nicht fortpflanzen, wäre es
denkbar, daß sich Hunde finden, welche freiwillig
das ebenerdige Leben aufgeben, freiwillig Lufthunde
werden und um den Preis der Bequemlichkeit und
einer gewissen Kunstfertigkeit dieses öde Leben dort
auf den Kissen wählen?

10.78

But if they do not reproduce, would it be conceivable that
dogs could be found who would voluntarily give up the life
on the ground, voluntarily become aerial dogs and at the
price of comfort and a certain skill choose this barren life
there on the cushions?

Das ist nicht denkbar, weder Fortpflanzung, noch
freiwilliger Anschluß ist denkbar.

10.79

This is inconceivable, neither procreation nor voluntary
attachment is conceivable.

Die Wirklichkeit aber zeigt, daß es doch immer
wieder neue Lufthunde gibt;

10.80

Reality, however, shows that there are always new air dogs;

10.81 daraus ist zu schließen, daß, mögen auch die
Hindernisse unserem Verstande unüberwindbar
scheinen, eine einmal vorhandene Hundeart, sei sie
auch noch so sonderbar, nicht ausstirbt, zumindest
nicht leicht, zumindest nicht ohne daß in jeder Art
etwas wäre, das sich erfolgreich wehrt.

from this we can conclude that, even if the obstacles seem
insurmountable to our minds, once a dog species exists,
however strange it may be, it does not die out, at least not
easily, at least not without there being something in each
species that successfully defends itself.

11.1 Muß ich das, wenn es für eine so abseitige, sinnlose,
äußerlich allersonderbarste, lebensunfähige Art
wie die der Lufthunde gilt, nicht auch für meine Art
annehmen?

If it applies to a species as absurd, senseless, outwardly
most unimaginable and unfit for life as that of the air dogs,
must I not also accept it for my own species?

11.2 Dabei bin ich äußerlich gar nicht sonderbar,
gewöhnlicher Mittelstand, der wenigstens hier in
der Gegend sehr häufig ist, durch nichts besonders
hervorragend, durch nichts besonders verächtlich, in
meiner Jugend und noch teilweise im Mannesalter,
solange ich mich nicht vernachlässigte und viel
Bewegung hatte, war ich sogar ein recht hübscher
Hund.

Yet I am not at all outwardly peculiar, ordinary middle
class, which is very common here at least, not particularly
distinguished by anything, not particularly contemptible
by anything, in my youth and still partly in my manhood,
as long as I did not neglect myself and had a lot of exercise, I
was even quite a pretty dog.

Besonders meine Vorderansicht wurde gelobt, die   11.3
schlanken Beine, die schöne Kopfhaltung, aber auch
mein grau-weiß-gelbes, nur in den Haarspitzen sich
ringelndes Fell war sehr gefällig, das alles ist nicht
sonderbar, sonderbar ist nur mein Wesen, aber auch
dieses ist, wie ich niemals außer acht lassen darf, im
allgemeinen Hundewesen wohl begründet.

Especially my front view was praised, the slender legs, the
beautiful head posture, but also my gray-white-yellow coat,
curling only at the tips of the hair, was very pleasing, all
this is not strange, strange is only my nature, but this too,
as I must never disregard, is well founded in the general
dog nature.

Wenn nun sogar der Lufthund nicht allein bleibt, hier   11.4
und dort in der großen Hundewelt immer wieder
sich einer findet und sie sogar aus dem Nichts immer
wieder neuen Nachwuchs holen, dann kann auch ich
der Zuversicht leben, daß ich nicht verloren bin.

If even the air dog does not remain alone, if there is always
one here and there in the big dog world and if they even
bring new offspring out of nowhere, then I can also live
with the confidence that I am not lost.

Freilich ein besonderes Schicksal müssen meine   11.5
Artgenossen haben, und ihr Dasein wird mir niemals
sichtbar helfen, schon deshalb nicht, weil ich sie
kaum je erkennen werde.

Of course, my fellow dogs must have a special fate, and
their existence will never help me visibly, if only because I
will hardly ever recognize them.

11.6 Wir sind die, welche das Schweigen drückt, welche es förmlich aus Lufthunger durchbrechen wollen, den anderen scheint im Schweigen wohl zu sein, zwar hat es nur diesen Anschein, so wie bei den Musikhunden, die scheinbar ruhig musizierten, in Wirklichkeit aber sehr aufgeregt waren, aber dieser Anschein ist stark, man versucht ihm beizukommen, er spottet jeden Angriffs.

We are the ones who are oppressed by silence, who literally want to break through it out of hunger for air, the others seem to be comfortable in silence, although it only has this appearance, as with the music dogs, who apparently played music quietly, but were in reality very excited, but this appearance is strong, one tries to get at it, it mocks every attack.

11.7 Wie helfen sich nun meine Artgenossen?

So how do my fellow dogs help themselves?

11.8 Wie sehen ihre Versuche, dennoch zu leben, aus?

What do their attempts to live nevertheless look like?

11.9 Das mag verschieden sein.

That may be different.

11.10 Ich habe es mit meinen Fragen versucht, solange ich jung war.

I tried with my questions when I was young.

11.11 Ich könnte mich also vielleicht an die halten, welche viel fragen, und da hätte ich dann meine Artgenossen.

So perhaps I could stick to those who ask a lot, and then I would have my fellow species.

Ich habe auch das eine Zeitlang mit   11.12
Selbstüberwindung versucht, mit
Selbstüberwindung, denn mich kümmern ja vor
allem die, welche antworten sollen;
I also tried that for a while with self-conquest, with self-
conquest, because I mainly care about those who are
supposed to answer;

die, welche mir immerfort mit Fragen, die ich meist   11.13
nicht beantworten kann, dazwischenfahren, sind
mir widerwärtig.
those who keep interrupting me with questions that I
usually can't answer are repulsive to me.

Und dann, wer fragt denn nicht gern, solange er jung   11.14
ist, wie soll ich aus den vielen Fragen die richtigen
herausfinden?
And then, who doesn't like to ask questions when they're
young, how am I supposed to find the right ones from the
many questions?

Eine Frage klingt wie die andere, auf die Absicht   11.15
kommt es an, die aber ist verborgen, oft auch dem
Frager.
One question sounds like another, it's the intention that
counts, but that is hidden, often even from the questioner.

Und überhaupt, das Fragen ist ja eine   11.16
Eigentümlichkeit der Hundeschaft, alle fragen
durcheinander, es ist, als sollte damit die Spur der
richtigen Fragen verwischt werden.
And anyway, asking questions is a peculiarity of the dog
world, everyone asks in a jumble, it's as if the trail of the
right questions should be blurred.

11.17 Nein, unter den Fragern der Jungen finde ich meine Artgenossen nicht, und unter den Schweigern, den Alten, zu denen ich jetzt gehöre, ebensowenig.

No, I don't find my fellow dogs among the young questioners, nor among the silent ones, the old ones, to whom I now belong.

11.18 Aber was wollen denn die Fragen, ich bin ja mit ihnen gescheitert, wahrscheinlich sind meine Genossen viel klüger als ich und wenden ganz andere vortreffliche Mittel an, um dieses Leben zu ertragen, Mittel freilich, die, wie ich aus eigenem hinzufüge, vielleicht ihnen zur Not helfen, beruhigen, einschläfern, artverwandelnd wirken, aber in der Allgemeinheit ebenso ohnmächtig sind, wie die meinen, denn, soviel ich auch ausschaue, einen Erfolg sehe ich nicht.

But what do the questions want, I have failed with them, my comrades are probably much wiser than I and use quite other excellent means to endure this life, means, of course, which, as I add of my own accord, may help them in a pinch, calm them down, put them to sleep, have a kindred effect, but in general are just as impotent as mine, because, no matter how much I look, I do not see any success.

11.19 Ich fürchte, an allem anderen werde ich meine Artgenossen eher erkennen als am Erfolg.

I fear that I will recognize my fellow species more by everything else than by success.

11.20 Wo sind denn aber meine Artgenossen?

But where are my peers?

11.21 Ja, das ist die Klage, das ist sie eben. Wo sind sie?

Yes, that's the complaint, that's what it is. Where are they?

11.22 Überall und nirgends.

Everywhere and nowhere.

71

Vielleicht ist es mein Nachbar, drei Sprünge weit von mir, wir rufen einander oft zu, er kommt auch zu mir herüber, ich zu ihm nicht. 11.23

Maybe it's my neighbor, three jumps away from me, we often call out to each other, he comes over to me too, I don't come over to him.

Ist er mein Artgenosse? 11.24

Is he my conspecific?

Ich weiß nicht, ich erkenne zwar nichts dergleichen an ihm, aber möglich ist es. 11.25

I don't know, I don't recognize anything like that about him, but it's possible.

Möglich ist es, aber doch ist nichts unwahrscheinlicher. 11.26

It is possible, but nothing is more improbable.

Wenn er fern ist, kann ich zum Spiel mit Zuhilfenahme aller Phantasie manches mich verdächtig Anheimelnde an ihm herausfinden, steht er dann aber vor mir, sind alle meine Erfindungen zum Lachen. 11.27

When he is far away, I can use all my imagination to find out some suspiciously homely things about him, but when he is in front of me, all my inventions are a laughing matter.

Ein alter Hund, noch etwas kleiner als ich, der ich kaum Mittelgröße habe, braun, kurzhaarig, mit müde hängendem Kopf, mit schlürfenden Schritten, das linke Hinterbein schleppt er überdies infolge einer Krankheit ein wenig nach. 11.28

An old dog, a little smaller than me, barely of average height, brown, short-haired, with a tired, drooping head and shuffling steps, his left hind leg dragging a little due to illness.

11.29 So nah wie mit ihm verkehre ich schon seit langem mit niemandem, ich bin froh, daß ich ihn doch noch leidlich ertrage, und wenn er fortgeht, schreie ich ihm die freundlichsten Dinge nach, freilich nicht aus Liebe, sondern zornig auf mich, weil ich ihn, wenn ich ihm nachgehe, doch wieder nur ganz abscheulich finde, wie er sich wegschleicht mit dem nachschleppenden Fuß und dem viel zu niedrigen Hinterteil.

I have not been so close to anyone for a long time; I am glad that I still tolerate him tolerably well, and when he goes away I shout the kindest things after him, not out of love, of course, but angrily at myself, because when I follow him I find him again quite disgusting, the way he creeps away with his dragging foot and his much too low back.

11.30 Manchmal ist mir, als wollte ich mich selbst verspotten, wenn ich ihn in Gedanken meinen Genossen nenne.

Sometimes I feel as if I'm mocking myself when I call him my comrade in my mind.

11.31 Auch in unseren Gesprächen verrät er nichts von irgendeiner Genossenschaft, zwar ist er klug und, für unsere Verhältnisse hier, gebildet genug und ich könnte viel von ihm lernen, aber suche ich Klugheit und Bildung?

Even in our conversations he betrays nothing of any comradeship; he is clever and, by our standards here, educated enough and I could learn a lot from him, but am I looking for wisdom and education?

Wir unterhalten uns gewöhnlich über örtliche Fragen und ich staune dabei, durch meine Einsamkeit in dieser Hinsicht hellsichtiger gemacht, wieviel Geist selbst für einen gewöhnlichen Hund, selbst bei durchschnittlich nicht allzu ungünstigen Verhältnissen nötig ist, um sein Leben zu fristen und sich vor den größten üblichen Gefahren zu schützen.   11.32

We usually talk about local questions and I am amazed, made more clear-sighted by my loneliness in this respect, how much spirit is necessary even for an ordinary dog, even in average, not too unfavorable conditions, to live his life and protect himself from the greatest common dangers.

Die Wissenschaft gibt zwar die Regeln;   11.33

Science gives the rules;

sie aber auch nur von Ferne und in den gröbsten Hauptzügen zu verstehen ist gar nicht leicht, und wenn man sie verstanden hat, kommt erst das eigentlich Schwere, sie nämlich auf die örtlichen Verhältnisse anzuwenden –   11.34

but to understand them even from a distance and in the broadest outline is not at all easy, and when one has understood them, only the really difficult part comes, namely to apply them to the local conditions –

hier kann kaum jemand helfen,   11.35

here hardly anyone can help,

fast jede Stunde gibt neue Aufgaben und jedes neue Flecken Erde seine besonderen;   11.36

almost every hour gives new tasks and every new patch of earth its special ones;

11.37 daß er für die Dauer irgendwo eingerichtet ist und daß sein Leben nun gewissermaßen von selbst verläuft, kann niemand von sich behaupten, nicht einmal ich, dessen Bedürfnisse sich förmlich von Tag zu Tag verringern.

that he is set up somewhere for the long term and that his life now runs by itself, so to speak, no one can claim, not even I, whose needs are literally decreasing from day to day.

11.38 Und alle diese unendliche Mühe – zu welchem Zweck?

And all this endless toil – for what purpose?

11.39 Doch nur um sich immer weiter zu vergraben im Schweigen und um niemals und von niemand mehr herausgeholt werden zu können.

But only to bury oneself further and further in silence and to never be able to be pulled out by anyone.

12.1 Man rühmt oft den allgemeinen Fortschritt der Hundeschaft durch die Zeiten und meint damit wohl hauptsächlich den Fortschritt der Wissenschaft.

People often praise the general progress of dog science through the ages, and by this they probably mainly mean the progress of science.

12.2 Gewiß, die Wissenschaft schreitet fort, das ist unaufhaltsam, sie schreitet sogar mit Beschleunigung fort, immer schneller, aber was ist daran zu rühmen?

Certainly, science progresses, it is unstoppable, it even progresses with acceleration, faster and faster, but what is there to praise about it?

Es ist so, als wenn man jemanden deshalb rühmen 12.3
wollte, weil er mit zunehmenden Jahren älter wird
und infolgedessen immer schneller der Tod sich
nähert.

It's as if you wanted to praise someone because he gets older
as the years go by and, as a result, approaches death faster
and faster.

Das ist ein natürlicher und überdies ein häßlicher 12.4
Vorgang, an dem ich nichts zu rühmen finde.

This is a natural and, moreover, an ugly process in which I
find nothing to praise.

Ich sehe nur Verfall, wobei ich aber nicht meine, daß 12.5
frühere Generationen im Wesen besser waren, sie
waren nur jünger, das war ihr großer Vorzug, ihr
Gedächtnis war noch nicht so überlastet wie das
heutige, es war noch leichter, sie zum Sprechen zu
bringen, und wenn es auch niemandem gelungen
ist, die Möglichkeit war größer, diese größere
Möglichkeit ist ja das, was uns beim Anhören jener
alten, doch eigentlich einfältigen Geschichten so
erregt.

I only see decay, but I do not mean that earlier generations
were better in essence, they were just younger, that was
their great advantage, their memory was not as overloaded
as today's, it was still easier to get them to speak, and even
if no one succeeded, the possibility was greater, this greater
possibility is what excites us so much when we listen to
those old, but actually simple-minded stories.

Hie und da hören wir ein andeutendes Wort und 12.6
möchten fast aufspringen, fühlten wir nicht die Last
der Jahrhunderte auf uns.

Here and there we hear a suggestive word and would
almost want to jump up if we didn't feel the weight of
the centuries on us.

12.7 Nein, was ich auch gegen meine Zeit einzuwenden
habe, die früheren Generationen waren nicht besser
als die neueren, ja in gewissem Sinn waren sie viel
schlechter und schwächer.

No, whatever I have to say about my time, the earlier
generations were no better than the newer ones, indeed
in a certain sense they were much worse and weaker.

12.8 Die Wunder gingen freilich auch damals nicht frei
über die Gassen zum beliebigen Einfangen, aber die
Hunde waren, ich kann es nicht anders ausdrücken,
noch nicht so hündisch wie heute, das Gefüge der
Hundeschaft war noch locker, das wahre Wort
hätte damals noch eingreifen, den Bau bestimmen,
umstimmen, nach jedem Wunsche ändern, in sein
Gegenteil verkehren können und jenes Wort war da,
war zumindest nahe, schwebte auf der Zungenspitze.

Of course, even then the miracles did not go freely across
the streets to be caught at will, but the dogs were, I cannot
express it differently, not yet as dog-like as they are today,
the structure of doghood was still loose, the true word
could still have intervened then, determined the structure,
changed its mind, changed it according to every wish,
turned it into its opposite, and that word was there, was at
least close, hovering on the tip of the tongue.

12.9 Jeder konnte es erfahren; wo ist es heute
hingekommen,

Everyone could experience it; where has it gone today,

12.10 heute könnte man schon ins Gekröse greifen und
würde es nicht finden.

today you could reach into the mesentery and not find it.

12.11 Unsere Generation ist vielleicht verloren,

Our generation may be lost,

aber sie ist unschuldiger als die damalige.   12.12

but it is more innocent than the one back then.

Das Zögern meiner Generation kann ich verstehen,   12.13
es ist ja auch gar kein Zögern mehr, es ist das
Vergessen eines vor tausend Nächten geträumten
und tausendmal vergessenen Traumes, wer will uns
gerade wegen des tausendsten Vergessens zürnen?

I can understand the hesitation of my generation, it is
no longer hesitation at all, it is the forgetting of a dream
dreamed a thousand nights ago and forgotten a thousand
times, who wants to be angry with us just because of the
thousandth forgetting?

Aber auch das Zögern unserer Urväter glaube ich zu   12.14
verstehen, wir hätten wahrscheinlich nicht anders
gehandelt, fast möchte ich sagen:

But I also believe I understand the hesitation of our
forefathers, we would probably not have acted differently, I
would almost like to say:

Wohl uns, daß nicht wir es waren, die die Schuld auf   12.15
uns laden mußten, daß wir vielmehr in einer schon
von anderen verfinsterten Welt in fast schuldlosem
Schweigen dem Tode zueilen dürfen.

Blessed are we that it was not we who had to bear the guilt,
that we were rather allowed to hasten towards death in
an almost guiltless silence in a world already darkened by
others.

12.16   Als unsere Urväter abirrten, dachten sie wohl
kaum an ein endloses Irren, sie sahen ja förmlich
noch den Kreuzweg, es war leicht, wann immer
zurückzukehren, und wenn sie zurückzukehren
zögerten, so nur deshalb, weil sie noch eine kurze
Zeit sich des Hundelebens freuen wollten, es war
noch gar kein eigentümliches Hundeleben und schon
schien es ihnen berauschend schön, wie mußte es
erst später werden, wenigstens noch ein kleines
Weilchen später, und so irrten sie weiter.

When our forefathers strayed, they hardly thought of an
endless wandering, they literally still saw the way of the
cross, it was easy to return whenever, and if they hesitated
to return, it was only because they still wanted to enjoy the
dog's life for a short time, it was not yet a peculiar dog's life
and already it seemed intoxicatingly beautiful to them, how
it had to become later, at least a little while later, and so
they strayed on.

12.17   Sie wußten nicht, was wir bei Betrachtung des
Geschichtsverlaufes ahnen können, daß die Seele
sich früher wandelt als das Leben und daß sie, als
sie das Hundeleben zu freuen begann, schon eine
recht althündische Seele haben mußten und gar
nicht mehr so nahe dem Ausgangspunkt waren, wie
ihnen schien oder wie ihr in allen Hundefreuden
schwelgendes Auge sie glauben machen wollte.

They did not know what we can guess from the course of
history, that the soul changes earlier than life, and that
when they began to enjoy dog-life they must already have
had quite an old dog's soul and were no longer so near
the starting-point as they seemed to be, or as their eyes,
reveling in all the joys of dog-life, would have them believe.

12.18   – Wer kann heute noch von Jugend sprechen.

– Who can still speak of youth today.

Sie waren die eigentlichen jungen Hunde, aber ihr   12.19
einziger Ehrgeiz war leider darauf gerichtet, alte
Hunde zu werden, etwas, was ihnen freilich nicht
mißlingen konnte, wie alle folgenden Generationen
beweisen und unsere, die letzte, am besten.

They were the real young dogs, but unfortunately their only
ambition was to become old dogs, something they could
not fail to do, as all subsequent generations prove, and ours,
the last one, best of all.

Über alle diese Dinge rede ich natürlich mit meinem   13.1
Nachbarn nicht, aber ich muß oft an sie denken,
wenn ich ihm gegenübersitze, diesem typischen
alten Hund, oder die Schnauze in sein Fell vergrabe,
das schon einen Anhauch jenes Geruches hat, den
abgezogene Felle haben.

Of course I don't talk to my neighbor about any of these
things, but I often have to think about them when I sit
opposite him, this typical old dog, or bury my snout in his
fur, which already has a hint of that smell that stripped fur
has.

Über jene Dinge mit ihm zu reden wäre sinnlos,   13.2

Talking about those things with him would be pointless,

auch mit jedem anderen.   13.3

even with anyone else.

Ich weiß, wie das Gespräch verlaufen würde.   13.4

I know how the conversation would go.

Er hätte einige kleine Einwände hie und da,   13.5

He would have a few small objections here and there,

schließlich würde er zustimmen –   13.6

eventually he would agree –

80

13.7 **Zustimmung ist die beste Waffe – und die Sache wäre begraben,**

consent is the best weapon – and the matter would be buried,

13.8 **warum sie aber überhaupt erst aus ihrem Grab bemühen?**

but why bother to dig it out of its grave in the first place?

13.9 **Und trotz allem,**

And despite everything,

13.10 **es gibt doch vielleicht eine über bloße Worte hinausgehende tiefere Übereinstimmung mit meinem Nachbarn.**

there is perhaps a deeper agreement with my neighbor that goes beyond mere words.

13.11 **Ich kann nicht aufhören, das zu behaupten, obwohl ich keine Beweise dafür habe und vielleicht dabei nur einer einfachen Täuschung unterliege, weil er eben seit langem der einzige ist, mit dem ich verkehre, und ich mich also an ihn halten muß.**

I can't stop claiming that, even though I have no proof of it and am perhaps only under a simple delusion, because he's the only one I've been associating with for a long time and I have to stick to him.

13.12 **»Bist du doch vielleicht mein Genosse auf deine Art?**

"Are you perhaps my comrade in your own way?

13.13 **Und schämst dich, weil dir alles mißlungen ist?**

And are you ashamed because everything has gone wrong for you?

13.14 **Sieh, mir ist es ebenso gegangen.**

Look, it was the same with me.

Wenn ich allein bin, heule ich darüber, komm, zu   13.15
zweit ist es süßer«, so denke ich manchmal und sehe
ihn dabei fest an.

When I'm alone, I cry about it, come on, it's sweeter with
two", I sometimes think, looking at him fixedly.

Er senkt dann den Blick nicht, aber auch zu   13.16
entnehmen ist ihm nichts, stumpf sieht er mich an
und wundert sich, warum ich schweige und unsere
Unterhaltung unterbrochen habe.

He doesn't lower his gaze, but he doesn't take anything
from it either, he looks at me dully and wonders why I'm
silent and have interrupted our conversation.

Aber vielleicht ist gerade dieser Blick seine Art   13.17
zu fragen, und ich enttäusche ihn, so wie er mich
enttäuscht.

But perhaps this look is his way of asking and I am
disappointing him, just as he is disappointing me.

In meiner Jugend hätte ich ihn, wenn mir damals   13.18
nicht andere Fragen wichtiger gewesen wären
und ich nicht allein mir reichlich genügt hätte,
vielleicht laut gefragt, hätte eine matte Zustimmung
bekommen und also weniger als heute, da er
schweigt.

In my youth, if other questions hadn't been more
important to me at the time and I hadn't been more than
enough on my own, I might have asked him aloud, I would
have received a muted agreement and therefore less than
today, when he remains silent.

Aber schweigen nicht alle ebenso?   13.19

But isn't everyone just as silent?

13.20 Was hindert mich zu glauben, daß alle meine Genossen sind, daß ich nicht nur hie und da einen Mitforscher hatte, der mit seinen winzigen Ergebnissen versunken und vergessen ist und zu dem ich auf keine Weise mehr gelangen kann durch das Dunkel der Zeiten oder das Gedränge der Gegenwart, daß ich vielmehr in allem seit jeher Genossen habe, die sich alle bemühen nach ihrer Art, alle erfolglos nach ihrer Art, alle schweigend oder listig plappernd nach ihrer Art, wie es die hoffnungslose Forschung mit sich bringt.

What prevents me from believing that they are all my comrades, that I have not only had a fellow-researcher here and there who has sunk and been forgotten with his tiny results and to whom I can no longer reach in any way through the darkness of the times or the hustle and bustle of the present, but rather that I have always had comrades in everything, who all endeavor in their own way, all unsuccessfully in their own way, all silently or cunningly chattering in their own way, as hopeless research entails.

13.21 Dann hätte ich mich aber auch gar nicht absondern müssen, hätte ruhig unter den anderen bleiben können, hätte nicht wie ein unartiges Kind durch die Reihen der Erwachsenen mich hinausdrängen müssen, die ja ebenso hinauswollen wie ich, und an denen mich nur ihr Verstand beirrt, der ihnen sagt, daß niemand hinauskommt und daß alles Drängen töricht ist.

But then I wouldn't have had to separate myself at all, I could have stayed quietly among the others, I wouldn't have had to push my way out like a naughty child through the ranks of the adults, who want to get out just as much as I do, and whose only thing that bothers me is their intellect, which tells them that no one can get out and that all pushing is foolish.

Solche Gedanken sind allerdings deutlich die   14.1
Wirkung meines Nachbarn, er verwirrt mich, er
macht mich melancholisch;

Such thoughts, however, are clearly the effect of my
neighbor, he confuses me, he makes me melancholy;

und ist für sich fröhlich genug, wenigstens höre ich   14.2
ihn, wenn er in seinem Bereich ist, schreien und
singen, daß es mir lästig ist.

and is cheerful enough in himself, at least when he is
within his reach I hear him shouting and singing, so that it
is annoying to me.

Es wäre gut, auch auf diesen letzten Verkehr zu   14.3
verzichten, nicht vagen Träumereien nachzugehen,
wie sie jeder Hundeverkehr, so abgehärtet man
zu sein glaubt, unvermeidlich erzeugt, und die
kleine Zeit, die mir bleibt, ausschließlich für meine
Forschungen zu verwenden.

It would be well to give up this last intercourse also, not to
indulge in vague reveries, such as every canine intercourse,
however hardened one believes oneself to be, inevitably
produces, and to devote the little time I have left exclusively
to my researches.

Ich werde, wenn er nächstens kommt, mich   14.4
verkriechen und schlafend stellen, und das so lange
wiederholen, bis er ausbleibt.

When he comes next, I'll hide away and pretend to be
asleep, and repeat this until he doesn't come.

Auch ist in meine Forschungen Unordnung   15.1
gekommen, ich lasse nach, ich ermüde, ich trotte
nur noch mechanisch, wo ich begeistert lief.

My research has also become disorganized, I'm flagging,
I'm getting tired, I'm just plodding along mechanically
where I used to run with enthusiasm.

15.2 Ich denke zurück an die Zeit, als ich die Frage:

I think back to the time when I began to investigate the
question:

15.3 »Woher nimmt die Erde unsere Nahrung?« zu
untersuchen begann.

"Where does the earth get our food from.

15.4 Freilich lebte ich damals mitten im Volk, drängte
mich dorthin, wo es am dichtesten war, wollte alle zu
Zeugen meiner Arbeiten machen, diese Zeugenschaft
war mir sogar wichtiger als meine Arbeit;

Of course, at that time I lived among the people, I pushed
myself to where it was thickest, I wanted to make everyone
a witness to my work, this witnessing was even more
important to me than my work;

15.5 da ich ja noch irgendeine allgemeine Wirkung
erwartete, erhielt ich natürlich eine große
Anfeuerung, die nun für mich Einsamen vorbei ist.

since I still expected some general effect, I naturally
received a great deal of encouragement, which is now
over for me as a loner.

15.6 Damals aber war ich so stark, daß ich etwas tat, was
unerhört ist, allen unsern Grundsätzen widerspricht
und an das sich gewiß jeder Augenzeuge von damals
als an etwas Unheimliches erinnert.

At that time, however, I was so strong that I did something
that was unheard of, that contradicted all our principles
and that every eyewitness of that time certainly remembers
as something uncanny.

Ich fand in der Wissenschaft, die sonst zu grenzenloser Spezialisierung strebt, in einer Hinsicht eine merkwürdige Vereinfachung.

15.7

In science, which otherwise strives for boundless specialization, I found a strange simplification in one respect.

Sie lehrt, daß in der Hauptsache die Erde unsere Nahrung hervorbringt, und gibt dann, nachdem sie diese Voraussetzung gemacht hat, die Methoden an, mit welchen sich die verschiedenen Speisen in bester Art und größter Fülle erreichen lassen.

15.8

It teaches that, in the main, the earth produces our food, and then, having made this assumption, gives the methods by which the various foods can be obtained in the best way and in the greatest abundance.

Nun ist es freilich richtig, daß die Erde die Nahrung hervorbringt, daran kann kein Zweifel sein, aber so einfach, wie es gewöhnlich dargestellt wird, jede weitere Untersuchung ausschließend, ist es nicht.

15.9

Now it is certainly true that the earth produces food, there can be no doubt about that, but it is not as simple as it is usually presented, excluding any further investigation.

Man nehme doch nur die primitivsten Vorfälle her, die sich täglich wiederholen.

15.10

Just take the most primitive incidents that are repeated daily.

15.11 Wenn wir gänzlich untätig wären, wie ich es nun schon fast bin, nach flüchtiger Bodenbearbeitung uns zusammenrollten und warteten, was kommt, so würden wir allerdings, vorausgesetzt, daß sich überhaupt etwas ergeben würde, die Nahrung auf der Erde finden.

If we were completely inactive, as I almost am now, curling up after a cursory cultivation of the soil and waiting to see what happens, we would certainly find the food on the earth, assuming that anything were to happen at all.

15.12 Aber das ist doch nicht der Regelfall.

But that is not the rule.

15.13 Wer sich nur ein wenig Unbefangenheit gegenüber der Wissenschaft bewahrt hat –

Anyone who has retained just a little impartiality towards science –

15.14 und deren sind freilich wenige, denn die Kreise, welche die Wissenschaft zieht, werden immer größer –

and there are admittedly few of them, for the circles that science draws are growing ever larger –

15.15 wird, auch wenn er gar nicht auf besondere Beobachtungen ausgeht, leicht erkennen, daß der Hauptteil der Nahrung, die dann auf der Erde liegt, von oben herabkommt, wir fangen ja je nach unserer Geschicklichkeit und Gier das meiste sogar ab, ehe es die Erde berührt.

will easily recognize, even if he does not start out from special observations, that the main part of the food that then lies on the earth comes down from above; depending on our skill and greed, we even catch most of it before it touches the earth.

Damit sage ich noch nichts gegen die Wissenschaft, 15.16
I am not saying anything against science,

die Erde bringt ja auch diese Nahrung natürlich 15.17
hervor.
the earth also produces this food naturally.

Ob sie die eine aus sich herauszieht oder die andere 15.18
aus der Höhe herabruft, ist ja vielleicht kein
wesentlicher Unterschied, und die Wissenschaft,
welche festgestellt hat, daß in beiden Fällen
Bodenbearbeitung nötig ist, muß sich vielleicht mit
jenen Unterscheidungen nicht beschäftigen, heißt es
doch:
Whether it draws the one out of itself or calls the other
down from above is perhaps no essential difference, and
science, which has established that in both cases soil
cultivation is necessary, perhaps need not concern itself
with these distinctions, since it says:

»Hast du den Fraß im Maul, 15.19
"If you have the food in your mouth,

so hast du für diesmal alle Fragen gelöst.« 15.20
you have solved all questions for this time."

15.21 Nur scheint es mir, daß die Wissenschaft sich in verhüllter Form doch wenigstens teilweise mit diesen Dingen beschäftigt, da sie ja doch zwei Hauptmethoden der Nahrungsbeschaffung kennt, nämlich die eigentliche Bodenbearbeitung und dann die Ergänzungs-Verfeinerungs-Arbeit in Form von Spruch, Tanz und Gesang.

But it seems to me that science is at least partly concerned with these things in a disguised form, since it recognizes two main methods of food procurement, namely the actual cultivation of the soil and then the supplementary refinement work in the form of chanting, dancing and singing.

15.22 Ich finde darin eine zwar nicht vollständige, aber doch genug deutliche, meiner Unterscheidung entsprechende Zweiteilung.

I do not find this to be a complete division, but it is clear enough and corresponds to my distinction.

15.23 Die Bodenbearbeitung dient meiner Meinung nach zur Erzielung von beiderlei Nahrung und bleibt immer unentbehrlich, Spruch, Tanz und Gesang aber betreffen weniger die Bodennahrung im engeren Sinn, sondern dienen hauptsächlich dazu, die Nahrung von oben herabzuziehen.

In my opinion, tilling the soil serves to obtain both kinds of nourishment and always remains indispensable, but chanting, dancing and singing are less concerned with nourishing the soil in the narrower sense, but mainly serve to draw nourishment down from above.

15.24 In dieser Auffassung bestärkt mich die Tradition.

Tradition confirms me in this view.

Hier scheint das Volk die Wissenschaft 15.25
richtigzustellen, ohne es zu wissen und ohne daß
die Wissenschaft sich zu wehren wagt.
Here the people seem to correct science without knowing it
and without science daring to defend itself.

Wenn, wie die Wissenschaft will, jene Zeremonien 15.26
nur dem Boden dienen sollten, etwa um ihm die Kraft
zu geben, die Nahrung von oben zu holen, so müßten
sie sich doch folgerichtig völlig am Boden vollziehen,
dem Boden müßte alles zugeflüstert, vorgesprungen,
vorgetanzt werden.
If, as science would have it, those ceremonies should only
serve the ground, for example to give it the strength to
draw food from above, then they would logically have to
take place entirely on the ground, everything would have
to be whispered, jumped and danced to the ground.

Die Wissenschaft verlangt wohl auch meines Wissens 15.27
nichts anderes.
As far as I know, science demands nothing else.

Und nun das Merkwürdige, das Volk richtet sich mit 15.28
allen seinen Zeremonien in die Höhe.
And now the strange thing is that the people direct all their
ceremonies upwards.

15.29 Es ist dies keine Verletzung der Wissenschaft, sie verbietet es nicht, läßt dem Landwirt darin die Freiheit, sie denkt bei ihren Lehren nur an den Boden, und führt der Landwirt ihre auf den Boden sich beziehenden Lehren aus, ist sie zufrieden, aber ihr Gedankengang sollte meiner Meinung nach eigentlich mehr verlangen.

This is not a violation of science, it does not forbid it, it leaves the farmer free in this, it thinks only of the soil in its teachings, and if the farmer carries out its teachings relating to the soil, it is satisfied, but in my opinion its train of thought should actually demand more.

15.30 Und ich, der ich niemals tiefer in die Wissenschaft eingeweiht worden bin, kann mir gar nicht vorstellen, wie die Gelehrten es dulden können, daß unser Volk, leidenschaftlich wie es nun einmal ist, die Zaubersprüche aufwärts ruft, unsere alten Volksgesänge in die Lüfte klagt und Sprungtänze aufführt, als ob es sich, den Boden vergessend, für immer emporschwingen wollte.

And I, who have never been initiated more deeply into the science, cannot imagine how the scholars can tolerate our people, passionate as they are, shouting up the spells, singing our old folk songs in the air and performing leap dances as if they wanted to swing upwards forever, forgetting the ground.

Von der Betonung dieser Widersprüche ging ich   15.31
aus, ich beschränkte mich, wann immer nach den
Lehren der Wissenschaft die Erntezeit sich näherte,
völlig auf den Boden, ich scharrte ihn im Tanz, ich
verdrehte den Kopf, um nur dem Boden möglichst
nahe zu sein.

I started from the emphasis of these contradictions, I
confined myself completely to the ground whenever,
according to the teachings of science, harvest time was
approaching, I scratched it in the dance, I turned my head
to be as close to the ground as possible.

Ich machte mir später eine Grube für die Schnauze   15.32
und sang so und deklamierte, daß nur der Boden es
hörte und niemand sonst neben oder über mir.

Later I made a pit for my snout and sang and declaimed in
such a way that only the ground heard it and no one else
beside or above me.

Die Forschungsergebnisse waren gering.   16.1

The research results were poor.

Manchmal bekam ich das Essen nicht und schon   16.2
wollte ich jubeln über meine Entdeckung, aber dann
kam das Essen doch wieder, so als wäre man zuerst
beirrt gewesen durch meine sonderbare Aufführung,
erkenne aber jetzt den Vorteil, den sie bringt, und
verzichte gern auf meine Schreie und Sprünge.

Sometimes I didn't get the food and I wanted to rejoice at
my discovery, but then the food came again, as if they had
initially been put off by my strange performance, but now
recognized the advantage it brought and were happy to do
without my screams and jumps.

Oft kam das Essen sogar reichlicher als früher,   16.3

The food was often even more plentiful than before,

16.4 **aber dann blieb es doch auch wieder gänzlich aus.**

but then there was no food at all.

16.5 **Ich machte mit einem Fleiß, der an jungen Hunden bisher unbekannt gewesen war, genaue Aufstellungen aller meiner Versuche, glaubte schon hie und da eine Spur zu finden, die mich weiter führen könnte, aber dann verlief sie sich doch wieder ins Unbestimmte.**

With a diligence that was previously unknown in young dogs, I made precise lists of all my attempts, thought I could find a lead here and there that might lead me further, but then it lost its way again into the indefinite.

16.6 **Es kam mir hierbei unstrittig auch meine ungenügende wissenschaftliche Vorbereitung in die Quere.**

My inadequate scientific preparation undoubtedly got in the way.

16.7 **Wo hatte ich die Bürgschaft, daß zum Beispiel das Ausbleiben des Essens nicht durch mein Experiment, sondern durch unwissenschaftliche Bodenbearbeitung bewirkt war, und traf das zu, dann waren alle meine Schlußfolgerungen haltlos.**

Where did I have the guarantee that, for example, the absence of food was not caused by my experiment, but by unscientific soil cultivation, and if this was true, then all my conclusions were groundless.

16.8 **Unter gewissen Bedingungen hätte ich ein fast ganz präzises Experiment erreichen können, wenn es mir nämlich gelungen wäre, ganz ohne Bodenbearbeitung –**

Under certain conditions I could have achieved an almost completely precise experiment, if I had succeeded in bringing about the descent of the food without any soil cultivation –

einmal nur durch aufwärts gerichtete Zeremonie   16.9
das Herabkommen des Essens und dann durch
ausschließliche Boden-Zeremonie das Ausbleiben
des Essens zu erreichen.

once only by upward ceremony and then by exclusive soil
ceremony the absence of the food.

Ich versuchte auch derartiges, aber ohne   16.10
festen Glauben und nicht mit vollkommenen
Versuchsbedingungen, denn, meiner
unerschütterlichen Meinung nach, ist wenigstens
eine gewisse Bodenbearbeitung immer nötig und,
selbst wenn die Ketzer, die es nicht glauben, recht
hätten, ließe es sich doch nicht beweisen, da die
Bodenbesprengung unter einem Drang geschieht und
sich in gewissen Grenzen gar nicht vermeiden läßt.

I also tried such things, but without firm belief and not
with perfect experimental conditions, because, in my
unshakeable opinion, at least some soil cultivation is
always necessary and, even if the heretics who do not
believe it were right, it could not be proven, since the
sprinkling of the soil happens under an urge and cannot be
avoided within certain limits.

Ein anderes, allerdings etwas abseitiges Experiment   16.11
glückte mir besser und machte einiges Aufsehen.

Another, albeit somewhat off the beaten track, experiment
worked better for me and caused quite a stir.

Anschließend an das übliche Abfangen der   16.12
Nahrung aus der Luft beschloß ich, die Nahrung
zwar niederfallen zu lassen, sie aber auch nicht
abzufangen.

After the usual interception of food from the air, I decided
to let the food fall, but not to intercept it.

16.13 Zu diesem Zwecke machte ich immer, wenn die
Nahrung kam, einen kleinen Luftsprung, der aber
immer so berechnet war, daß er nicht ausreichte;

For this purpose I always made a little leap in the air
when the food came, but it was always calculated to be
insufficient;

16.14 meistens fiel sie dann doch stumpf-gleichgültig
zu Boden und ich warf mich wütend auf sie, in
der Wut nicht nur des Hungers, sondern auch der
Enttäuschung.

usually it fell to the ground in a dull indifference, and I
threw myself at it furiously, in the rage not only of hunger
but also of disappointment.

16.15 Aber in vereinzelten Fällen geschah doch etwas
anderes, etwas eigentlich Wunderbares, die Speise
fiel nicht, sondern folgte mir in der Luft, die Nahrung
verfolgte den Hungrigen.

But in isolated cases something else happened, something
truly miraculous, the food did not fall but followed me in
the air, the food pursued the hungry person.

16.16 Es geschah nicht lange, eine kurze Strecke nur, dann
fiel sie doch oder verschwand gänzlich oder –

It didn't last long, only a short distance, then it fell or
disappeared completely or –

16.17 der häufigste Fall –

the most common case –

16.18 meine Gier beendete vorzeitig das Experiment und
ich fraß die Sache auf.

my greed ended the experiment prematurely and I ate the
thing.

Immerhin, ich war damals glücklich, durch meine   16.19
Umgebung ging ein Raunen, man war unruhig und
aufmerksam geworden, ich fand meine Bekannten
zugänglicher meinen Fragen, in ihren Augen sah ich
irgendein Hilfe suchendes Leuchten, mochte es auch
nur der Widerschein meiner eigenen Blicke sein, ich
wollte nichts anderes, ich war zufrieden.

After all, I was happy at the time, a murmur went through
my surroundings, people had become restless and attentive,
I found my acquaintances more receptive to my questions,
I saw some kind of help-seeking glow in their eyes, even if
it was only the reflection of my own eyes, I wanted nothing
else, I was satisfied.

Bis ich dann freilich erfuhr –   16.20
Until, of course, I learned –

und die anderen erfuhren es mit mir –   16.21
and the others learned it with me –

daß dieses Experiment in der Wissenschaft längst   16.22
beschrieben ist, viel großartiger schon gelungen als
mir, zwar schon lange nicht gemacht werden konnte
wegen der Schwierigkeit der Selbstbeherrschung,
die es verlangt, aber wegen seiner angeblichen
wissenschaftlichen Bedeutungslosigkeit auch nicht
wiederholt werden muß.

that this experiment had long since been described in
science, had already succeeded much more magnificently
than I had, could not have been done for a long time
because of the difficulty of self-control it required, but
need not be repeated because of its supposed scientific
insignificance.

16.23 Es beweise nur, was man schon wußte, daß der Boden die Nahrung nicht nur gerade abwärts von oben holt, sondern auch schräg, ja sogar in Spiralen.

It only proved what was already known, that the ground not only brings food straight down from above, but also diagonally, even in spirals.

16.24 Da stand ich nun, aber entmutigt war ich nicht, dazu war ich noch zu jung, im Gegenteil, ich wurde dadurch aufgemuntert zu der vielleicht größten Leistung meines Lebens.

There I stood, but I was not discouraged, I was still too young for that, on the contrary, it encouraged me to achieve perhaps the greatest feat of my life.

16.25 Ich glaubte der wissenschaftlichen Entwertung meines Experimentes nicht, aber hier hilft kein Glauben, sondern nur der Beweis, und den wollte ich antreten und wollte damit auch dieses ursprünglich etwas abseitige Experiment ins volle Licht, in den Mittelpunkt der Forschung stehen.

I didn't believe the scientific debasement of my experiment, but faith doesn't help here, only proof, and I wanted to prove it, and in doing so I wanted to put this originally somewhat offside experiment in the full light, in the center of research.

16.26 Ich wollte beweisen, daß, wenn ich vor der Nahrung zurückwich, nicht der Boden sie schräg zu sich herabzog, sondern ich es war, der sie hinter mir her lockte.

I wanted to prove that when I backed away from the food, it was not the ground that drew it diagonally towards me, but it was me who lured it after me.

Dieses Experiment konnte ich allerdings nicht weiter 16.27
ausbauen, den Fraß vor sich zu sehen und dabei
wissenschaftlich zu experimentieren, das hielt man
für die Dauer nicht aus.

However, I couldn't take this experiment any further,
seeing the food in front of me and experimenting
scientifically at the same time was not something I could
endure for long.

Aber ich wollte etwas anderes tun, ich wollte, 16.28
solange ichs aushielt, völlig fasten, allerdings dabei
auch jeden Anblick der Nahrung, jede Verlockung
vermeiden.

But I wanted to do something else, I wanted to fast
completely for as long as I could stand it, but I also wanted
to avoid any sight of food, any temptation.

16.29 Wenn ich mich so zurückzog, mit geschlossenen Augen liegenblieb, Tag und Nacht, weder um das Aufheben, noch um das Abfangen der Nahrung mich kümmerte und, wie ich nicht zu behaupten wagte, aber leise hoffte, ohne alle sonstigen Maßnahmen, nur auf die unvermeidliche unrationelle Bodenbesprengung und stilles Aufsagen der Sprüche und Lieder hin (den Tanz wollte ich unterlassen, um mich nicht zu schwächen) die Nahrung von oben selbst herabkäme und, ohne sich um den Boden zu kümmern, an mein Gebiß klopfen würde, um eingelassen zu werden, – wenn dies geschah, dann war die Wissenschaft zwar nicht widerlegt, denn sie hat genug Elastizität für Ausnahmen und Einzelfälle, aber was würde das Volk sagen, das glücklicherweise nicht so viel Elastizität hat?

When I withdrew like this, lying down with my eyes closed, day and night, not caring to pick up or catch the food and, as I did not dare to say, but quietly hoped, without any other measures, only to the inevitable unrational sprinkling of the floor and silent recitation of slogans and songs (I wanted to refrain from dancing, If this happened, then science would not be refuted, because it has enough elasticity for exceptions and individual cases, but what would the people say, who fortunately do not have so much elasticity?

Denn es würde das ja auch kein Ausnahmefall von
der Art sein, wie sie die Geschichte überliefert, daß
etwa einer wegen körperlicher Krankheit oder wegen
Trübsinns sich weigert, die Nahrung vorzubereiten,
zu suchen, aufzunehmen und dann die Hundeschaft
in Beschwörungsformeln sich vereinigt und dadurch
ein Abirren der Nahrung von ihrem gewöhnlichen
Weg geradewegs in das Maul des Kranken erreicht.

After all, it would not be an exceptional case of the kind
recorded in history, for example, when someone refuses
to prepare, seek or take food because of physical illness or
gloom, and then the dogs unite in incantations and cause
the food to stray from its usual path straight into the mouth
of the sick person.

Ich dagegen war in voller Kraft und Gesundheit,
mein Appetit so prächtig, daß er mich tagelang
hinderte, an etwas anderes zu denken als an ihn,
ich unterzog mich, mochte man es glauben oder
nicht, dem Fasten freiwillig, war selbst imstande,
für das Herabkommen der Nahrung zu sorgen und
wollte es auch tun, brauchte aber auch keine Hilfe
der Hundeschaft und verbat sie mir sogar auf das
entschiedenste.

I, on the other hand, was in full strength and health, my
appetite so splendid that for days it prevented me from
thinking of anything but him, I voluntarily underwent
the fast, believe it or not, was able to take care of the food
myself and wanted to do so, but did not need any help from
the canine community and even forbade it in the strongest
terms.

17.1 Ich suchte mir einen geeigneten Ort in einem entlegenen Gebüsch, wo ich keine Eßgespräche, kein Schmatzen und Knochenknacken hören würde, fraß mich noch einmal völlig satt und legte mich dann hin.

I looked for a suitable place in a remote bush where I wouldn't hear any eating conversations, no smacking or cracking of bones, ate my fill once more and then lay down.

17.2 Ich wollte womöglich die ganze Zeit mit geschlossenen Augen verbringen;

I wanted to spend the whole time with my eyes closed;

17.3 solange kein Essen kommen sollte, würde es für mich ununterbrochen Nacht sein, mochte es Tage und Wochen dauern.

as long as no food came, it would be night for me without interruption, even if it took days or weeks.

17.4 Dabei durfte ich allerdings, das war eine große Erschwerung, wenig oder am besten gar nicht schlafen, denn ich mußte ja nicht nur die Nahrung herabbeschwören, sondern auch auf der Hut sein, daß ich die Ankunft der Nahrung nicht etwa verschlafe, andererseits wiederum war Schlaf sehr willkommen, denn schlafend würde ich viel länger hungern können als im Wachen.

It was a great difficulty, however, that I should sleep little, or preferably not at all, for I had not only to conjure up the food, but also to be on my guard lest I should oversleep the arrival of the food; on the other hand, sleep was very welcome, for I could starve much longer asleep than when awake.

Aus diesen Gründen beschloß ich, die Zeit vorsichtig   17.5
einzuteilen und viel zu schlafen, aber immer nur
ganz kurze Zeit.

For these reasons I decided to divide my time carefully and
to sleep a lot, but only for a very short time at a time.

Ich erreichte dies dadurch, daß ich den Kopf im   17.6
Schlaf immer auf einen schwachen Ast stützte, der
bald einknickte und mich dadurch weckte.

I achieved this by always resting my head on a weak branch
while I slept, which soon snapped and woke me up.

So lag ich, schlief oder wachte, träumte oder sang   17.7
still für mich hin.

So I lay, slept or woke, dreamed or sang quietly to myself.

Die erste Zeit verging ereignislos, noch war   17.8
es vielleicht dort, woher die Nahrung kommt,
irgendwie unbemerkt geblieben, daß ich mich hier
gegen den üblichen Verlauf der Dinge stemmte, und
so blieb alles still.

The first time passed uneventfully; perhaps it had somehow
gone unnoticed there, where the food came from, that I
was resisting the usual course of events, and so everything
remained quiet.

Ein wenig störte mich in meiner Anstrengung die   17.9
Befürchtung, daß die Hunde mich vermissen, bald
auffinden und etwas gegen mich unternehmen
würden.

I was a little disturbed in my efforts by the fear that the
dogs would miss me, find me soon and do something
about me.

17.10 Eine zweite Befürchtung war, daß auf die bloße Besprengung hin der Boden, obwohl es ein nach der Wissenschaft unfruchtbarer Boden war, die sogenannte Zufallsnahrung hergeben und ihr Geruch mich verführen würde.

A second fear was that the mere sprinkling of the ground, although it was infertile soil according to science, would produce so-called chance food and its smell would tempt me.

17.11 Aber vorläufig geschah nichts dergleichen,

But for the time being nothing of the sort happened,

17.12 und ich konnte weiterhungern.

and I could go on starving.

17.13 Abgesehen von diesen Befürchtungen war ich zunächst ruhig,

Apart from these fears,

17.14 wie ich es an mir noch nie bemerkt hatte.

I was initially calm in a way that I had never noticed in myself before.

17.15 Obwohl ich hier eigentlich an der Aufhebung der Wissenschaft arbeitete,

Although I was actually working on the abolition of science here,

17.16 erfüllte mich Behagen und fast die sprichwörtliche Ruhe des wissenschaftlichen Arbeiters.

I was filled with comfort and almost the proverbial calm of the scientific worker.

In meinen Träumereien erlangte ich von der 17.17
Wissenschaft Verzeihung, es fand sich in ihr auch
ein Raum für meine Forschungen, trostreich klang
es mir in den Ohren, daß ich, mögen auch meine
Forschungen noch so erfolgreich werden, und
besonders dann, keineswegs für das Hundeleben
verloren sei, die Wissenschaft sei mir freundlich
geneigt, sie selbst werde die Deutung meiner
Ergebnisse vornehmen und dieses Versprechen
bedeute schon die Erfüllung selbst, ich würde,
während ich mich bisher im Innersten ausgestoßen
fühlte und die Mauern meines Volkes berannte wie
ein Wilder, in großen Ehren aufgenommen werden,
die ersehnte Wärme versammelter Hundeleiber
werde mich umströmen, hochgezwungen würde ich
auf den Schultern meines Volkes schwanken.

In my reveries I obtained forgiveness from science, it also
found a place for my research, it sounded comfortingly
in my ears that, however successful my research might
be, and especially then, I was by no means lost to dog life,
science was kindly inclined towards me, She herself would
interpret my results and this promise would mean the
fulfillment itself, I would be received with great honor,
while I had hitherto felt outcast in my innermost being and
attacked the walls of my people like a savage, the longed-for
warmth of assembled dog bodies would flow around me, I
would be forced to sway on the shoulders of my people.

Merkwürdige Wirkung des ersten Hungers. 17.18
Strange effect of the first hunger.

17.19 Meine Leistung erschien mir so groß, daß ich aus Rührung und aus Mitleid mit mir selbst dort in dem stillen Gebüsch zu weinen anfing, was allerdings nicht ganz verständlich war, denn wenn ich den verdienten Lohn erwartete, warum weinte ich dann?

My achievement seemed so great to me that I began to cry out of emotion and out of pity for myself there in the quiet bushes, which was not entirely understandable, for if I expected the reward I deserved, why was I crying?

17.20 Wohl nur aus Behaglichkeit.

Probably just out of comfort.

17.21 Immer nur, wenn mir behaglich war, selten genug, habe ich geweint.

I only ever cried when I felt comfortable, rarely enough.

17.22 Danach ging es freilich bald vorüber.

After that, of course, it soon passed.

17.23 Die schönen Bilder verflüchtigten sich allmählich mit dem Ernsterwerden des Hungers, es dauerte nicht lange und ich war, nach schneller Verabschiedung aller Phantasien und aller Rührung, völlig allein mit dem in den Eingeweiden brennenden Hunger.

The beautiful images gradually evaporated as the hunger became more serious; it wasn't long before I was completely alone with the hunger burning in my guts, after quickly saying goodbye to all fantasies and all emotion.

»Das ist der Hunger«, sagte ich mir damals   17.24
unzähligemal, so als wollte ich mich glauben
machen, Hunger und ich seien noch immer zweierlei
und ich könnte ihn abschütteln wie einen lästigen
Liebhaber, aber in Wirklichkeit waren wir höchst
schmerzlich Eines, und wenn ich mir erklärte:

"That's the hunger", I said to myself countless times, as if
I wanted to make myself believe that hunger and I were
still two different things and that I could shake it off like an
annoying lover, but in reality we were most painfully one,
and when I explained to myself:

»Das ist der Hunger«, so war es eigentlich der Hunger,   17.25
der sprach und sich damit über mich lustig machte.

"That's the hunger", it was actually the hunger that was
speaking and making fun of me.

Eine böse, böse Zeit!   17.26

A bad, bad time!

Mich schauert, wenn ich an sie denke, freilich nicht   17.27
nur wegen des Leides, das ich damals durchlebt
habe, sondern vor allem deshalb, weil ich damals
nicht fertig geworden bin, weil ich dieses Leiden
noch einmal werde durchkosten müssen, wenn ich
etwas erreichen will, denn das Hungern halte ich
noch heute für das letzte und stärkste Mittel meiner
Forschung.

I shudder when I think of it, not only because of the
suffering I went through back then, but above all because
I didn't finish back then, because I will have to go through
this suffering again if I want to achieve anything, because I
still consider starvation to be the last and strongest means
of my research.

17.28 Durch das Hungern geht der Weg, das Höchste ist
nur der höchsten Leistung erreichbar, wenn es
erreichbar ist, und diese höchste Leistung ist bei
uns freiwilliges Hungern.

The path leads through starvation, the highest can only
be achieved by the highest achievement, if it can be
achieved, and for us this highest achievement is voluntary
starvation.

17.29 Wenn ich also jene Zeiten durchdenke –

So when I think through those times –

17.30 und für mein Leben gern wühle ich in ihnen –

and for my life I like to rummage through them –

17.31 durchdenke ich auch die Zeiten, die mir drohen.

I also think through the times that threaten me.

17.32 Es scheint, daß man fast ein Leben verstreichen
lassen muß, ehe man sich von einem solchen Versuch
erholt, meine ganzen Mannesjahre trennen mich von
jenem Hungern, aber erholt bin ich noch nicht.

It seems that one has to let almost a lifetime pass before
one recovers from such an attempt; my whole manhood
separates me from that starvation, but I am not yet
recovered.

Ich werde, wenn ich nächstens das Hungern beginne, vielleicht mehr Entschlossenheit haben als früher, infolge meiner größeren Erfahrung und besseren Einsicht in die Notwendigkeit des Versuches, aber meine Kräfte sind geringer, noch von damals her, zumindest werde ich schon ermatten in der bloßen Erwartung der bekannten Schrecken. 17.33

When I next begin the starvation, I shall perhaps have more determination than before, owing to my greater experience and better insight into the necessity of the experiment, but my strength is less than it was then; at least I shall already be weary in the mere expectation of the known horrors.

Mein schwächerer Appetit wird mir nicht helfen, er entwertet nur ein wenig den Versuch und wird mich wahrscheinlich noch zwingen, länger zu hungern, als es damals nötig gewesen wäre. 17.34

My weaker appetite will not help me, it only devalues the attempt a little and will probably force me to starve longer than would have been necessary at that time.

Über diese und andere Voraussetzungen glaube ich mir klar zu sein, an Vorversuchen hat es ja nicht gefehlt in dieser langen Zwischenzeit, oft genug habe ich das Hungern förmlich angebissen, war aber noch nicht stark zum Äußersten, und die unbefangene Angriffslust der Jugend ist natürlich für immer dahin. 17.35

I think I am aware of these and other conditions, there has been no lack of preliminary attempts in this long intervening period, often enough I have literally bitten off starvation, but was not yet strong enough to go to extremes, and the uninhibited aggressiveness of youth is of course gone forever.

Sie schwand schon damals inmitten des Hungerns. 17.36

Even then, it dwindled in the midst of hunger.

17.37 Mancherlei Überlegungen quälten mich.

I was tormented by many thoughts.

17.38 Drohend erschienen mir unsere Urväter.

Our forefathers seemed threatening to me.

17.39 Ich halte sie zwar, wenn ich es auch öffentlich nicht zu sagen wage, für schuld an allem, sie haben das Hundeleben verschuldet, und ich konnte also ihren Drohungen leicht mit Gegendrohungen antworten, aber vor ihrem Wissen beuge ich mich, es kam aus Quellen, die wir nicht mehr kennen, deshalb würde ich auch, so sehr es mich gegen sie anzukämpfen drängt, niemals ihre Gesetze geradezu überschreiten, nur durch die Gesetzeslücken, für die ich eine besondere Witterung habe, schwärme ich aus.

I consider them to be to blame for everything, even if I don't dare to say so publicly; they were responsible for dog life, and so I could easily answer their threats with counterthreats, but I bow to their knowledge, it came from sources that we no longer know, so as much as I feel the urge to fight against them, I would never outright transgress their laws, only through the loopholes in the law, for which I have a special scent, I swarm out.

17.40 Hinsichtlich des Hungerns berufe ich mich auf das berühmte Gespräch, im Laufe dessen einer unserer Weisen die Absicht aussprach, das Hungern zu verbieten, worauf ein Zweiter davon abriet mit der Frage:

With regard to starvation, I refer to the famous conversation in the course of which one of our sages expressed the intention to prohibit starvation, whereupon a second advised against it with the question:

17.41 »Wer wird denn jemals hungern?«

"Who will ever starve?"

und der Erste sich überzeugen ließ und das Verbot   17.42
zurückhielt.
and the first was persuaded and withheld the prohibition.

Nun entsteht aber wieder die Frage: 17.43
But now the question arises again:

»Ist nun das Hungern nicht eigentlich doch   17.44
verboten?«
"Isn't starvation actually forbidden after all?"

Die große Mehrzahl der Kommentatoren verneint   17.45
sie, sieht das Hungern für freigegeben an, hält es
mit dem zweiten Weisen und befürchtet deshalb
auch von einer irrtümlichen Kommentierung keine
schlimmen Folgen.
The vast majority of commentators answer in the negative,
consider starvation to be permitted, agree with the second
wise man and therefore fear no dire consequences from an
erroneous comment.

Dessen hatte ich mich wohl vergewissert, ehe ich mit   17.46
dem Hungern begann.
I had probably made sure of this before I started starving.

Nun aber, als ich mich im Hunger krümmte,   17.47
But now, as I was writhing in hunger,

schon in einiger Geistesverwirrung immerfort   17.48
bei meinen Hinterbeinen Rettung suchte und sie
verzweifelt leckte,
already in some mental confusion,

kaute,   17.49
constantly seeking salvation in my hind legs and
desperately licking,

17.50 aussaugte, bis zum After hinauf,
chewing, sucking them up to my anus,

17.51 erschien mir die allgemeine Deutung jenes
Gespräches ganz und gar falsch,
the general interpretation of that conversation seemed to
me completely wrong,

17.52 ich verfluchte die kommentatorische Wissenschaft,
I cursed the commentary science,

17.53 ich verfluchte mich,
I cursed myself,

17.54 der ich mich von ihr hatte irreführen lassen,
who had allowed myself to be misled by it,

17.55 das Gespräch enthielt ja, wie ein Kind erkennen
mußte,
the conversation contained, as a child must recognize,

17.56 freilich mehr als nur ein einziges Verbot des
Hungerns,
certainly more than just a single prohibition of starvation,

der erste Weise wollte das Hungern verbieten, was
ein Weiser will, ist schon geschehen, das Hungern
war also verboten, der zweite Weise stimmte ihm
nicht nur zu, sondern hielt das Hungern sogar für
unmöglich, wälzte also auf das erste Verbot noch
ein zweites, das Verbot der Hundenatur selbst, der
Erste erkannte dies an und hielt das ausdrückliche
Verbot zurück, das heißt, er gebot den Hunden nach
Darlegung alles dessen, Einsicht zu üben und sich
selbst das Hungern zu verbieten.

17.57

the first wise man wanted to forbid starvation, what a wise
man wants is already done, so starvation was forbidden,
the second wise man not only agreed with him, but
even considered starvation impossible, so he added a
second prohibition to the first one, the prohibition of dog
nature itself, the first recognized this and withheld the
explicit prohibition, that is, after explaining everything,
he commanded the dogs to exercise insight and forbid
themselves to starve.

Also ein dreifaches Verbot statt des üblichen einen,

17.58

So a threefold prohibition instead of the usual one,

und ich hatte es verletzt.

17.59

and I had violated it.

Nun hätte ich ja wenigstens jetzt verspätet gehorchen
und zu hungern aufhören können, aber mitten durch
den Schmerz ging auch eine Verlockung weiter
zu hungern, und ich folgte ihr lüstern, wie einem
unbekannten Hund.

17.60

Now I could at least have obeyed belatedly and stopped
starving, but in the midst of the pain there was also a
temptation to continue starving, and I followed it lustfully,
like an unknown dog.

17.61 Ich konnte nicht aufhören, vielleicht war ich auch schon zu schwach, um aufzustehen und in bewohnte Gegenden mich zu retten.

I could not stop, perhaps I was already too weak to get up and save myself in populated areas.

17.62 Ich wälzte mich hin und her auf der Waldstreu,

I rolled to and fro on the forest litter,

17.63 schlafen konnte ich nicht mehr, ich hörte überall Lärm,

I could no longer sleep, I heard noise everywhere,

17.64 die während meines bisherigen Lebens schlafende Welt schien durch mein Hungern erwacht zu sein,

the world,

17.65 ich bekam die Vorstellung,

which had been asleep during my previous life,

17.66 daß ich nie mehr werde fressen können,

seemed to have been awakened by my hunger,

17.67 denn dadurch müßte ich die freigelassen lärmende Welt wieder zum Schweigen bringen,

I got the idea that I would never be able to eat again,

17.68 und das würde ich nicht imstande sein,

because in that way I would have to silence the noisy world that had been set free,

17.69 den größten Lärm allerdings hörte ich in meinem Bauche,

and I would not be able to do that,

ich legte oft das Ohr an ihn und mußte entsetzte 17.70
Augen gemacht haben,
but I heard the greatest noise in my belly,

denn ich konnte kaum glauben, 17.71
I often put my ear to it and must have made horrified eyes,

was ich hörte. 17.72
for I could hardly believe what I heard.

Und da es nun zu arg wurde, schien der Taumel 17.73
auch meine Natur zu ergreifen, sie machte sinnlose
Rettungsversuche, ich begann Speisen zu riechen,
auserlesene Speisen, die ich längst nicht mehr
gegessen hatte, Freuden meiner Kindheit – ,
And now that it was getting too bad, the frenzy also seemed
to take hold of my nature, it made senseless attempts to
save me, I began to smell food, exquisite food that I had not
eaten for a long time, the joys of my childhood – ,

ja, ich roch den Duft der Brüste meiner Mutter – , 17.74
yes, I smelled the scent of my mother's breasts – ,

ich vergaß meinen Entschluß, Gerüchen Widerstand 17.75
leisten zu wollen, oder richtiger, ich vergaß ihn
nicht;
I forgot my decision to resist smells, or rather, I did not
forget it;

mit dem Entschluß, so als sei es ein Entschluß, der 17.76
dazu gehöre, schleppte ich mich nach allen Seiten,
immer nur ein paar Schritte und schnupperte, so als
möchte ich die Speise nur, um mich vor ihr zu hüten.
with the resolve, as if it were a resolve that belonged to it, I
dragged myself in all directions, only a few steps at a time,
sniffing as if I only wanted the food in order to protect
myself from it.

17.77 Daß ich nichts fand, enttäuschte mich nicht, die
Speisen waren da, nur waren sie immer ein paar
Schritte zu weit, die Beine knickten mir vorher ein.

I was not disappointed to find nothing, the food was there,
but it was always a few steps too far, my legs buckled before
I could reach it.

17.78 Gleichzeitig allerdings wußte ich, daß gar nichts da
war, daß ich die kleinen Bewegungen nur machte aus
Angst vor dem endgültigen Zusammenbrechen auf
einem Platz, den ich nicht mehr verlassen würde.

At the same time, however, I knew that nothing was there,
that I was only making the small movements out of fear of
finally collapsing in a place I would never leave.

17.79 Die letzten Hoffnungen schwanden, die letzten
Verlockungen, elend würde ich hier zugrunde gehen,
was sollten meine Forschungen, kindliche Versuche
aus kindlich glücklicher Zeit, hier und jetzt war
Ernst, hier hätte die Forschung ihren Wert beweisen
können, aber wo war sie?

The last hopes faded, the last temptations, I would perish
miserably here, what was the point of my research, childish
attempts from childishly happy times, here and now was
serious, here research could have proved its worth, but
where was it?

Hier war nur ein hilflos ins Leere schnappender   17.80
Hund, der zwar noch krampfhaft eilig, ohne es zu
wissen, immerfort den Boden besprengte, aber
in seinem Gedächtnis aus dem ganzen Wust der
Zaubersprüche nicht das Geringste mehr auftreiben
konnte, nicht einmal das Verschen, mit dem sich die
Neugeborenen unter ihre Mutter ducken.

Here was just a helpless dog snapping helplessly into the
void, still frantically and hastily sprinkling the ground
without realizing it, but unable to find anything in his
memory from the whole jumble of spells, not even the little
verse with which newborns duck under their mothers.

Es war mir, als sei ich hier nicht durch einen kurzen   17.81
Lauf von den Brüdern getrennt, sondern unendlich
weit fort von allen, und als stürbe ich eigentlich
gar nicht durch Hunger, sondern infolge meiner
Verlassenheit.

It seemed to me that I was not separated from my brothers
by a short walk, but that I was infinitely far away from all of
them, and that I was not actually dying of hunger, but as a
result of my abandonment.

Es war doch ersichtlich, daß sich niemand um mich   17.82
kümmerte, niemand unter der Erde, niemand
auf ihr, niemand in der Höhe, ich ging an ihrer
Gleichgültigkeit zugrunde, ihre Gleichgültigkeit
sagte:

It was obvious that no one cared about me, no one below
the ground, no one on it, no one on high, I was perishing
from their indifference, their indifference said:

er stirbt, und so würde es geschehen.   17.83

he is dying, and so it would happen.

Und stimmte ich nicht bei? Sagte ich nicht das   17.84
Gleiche?

And did I not agree? Didn't I say the same thing?

17.85 **Hatte ich nicht diese Verlassenheit gewollt?**

Had I not wanted this abandonment?

17.86 **Wohl, ihr Hunde, aber nicht um hier so zu enden, sondern um zur Wahrheit hinüber zu kommen, aus dieser Welt der Lüge, wo sich niemand findet, von dem man Wahrheit erfahren kann, auch von mir nicht, eingeborenem Bürger der Lüge.**

Yes, you dogs, but not to end up here like this, but to cross over to the truth, out of this world of lies, where there is no one to learn the truth from, not even from me, a native citizen of lies.

17.87 **Vielleicht war die Wahrheit nicht allzuweit, und ich also nicht so verlassen, wie ich dachte, nicht von den anderen verlassen, nur von mir, der ich versagte und starb.**

Perhaps the truth was not too far away, and so I was not as abandoned as I thought, not abandoned by others, only by me, who failed and died.

18.1 **Doch man stirbt nicht so eilig, wie ein nervöser Hund glaubt.**

But you don't die in as much of a hurry as a nervous dog thinks.

18.2 **Ich fiel nur in Ohnmacht, und als ich aufwachte und die Augen erhob, stand ein fremder Hund vor mir.**

I only fainted, and when I woke up and raised my eyes, a strange dog was standing in front of me.

18.3 **Ich fühlte keinen Hunger, ich war sehr kräftig, in den Gelenken federte es meiner Meinung nach, wenn ich auch keinen Versuch machte, es durch Aufstehen zu erproben.**

I felt no hunger, I was very strong, my joints were springy in my opinion, although I made no attempt to test it by getting up.

Ich sah an und für sich nicht mehr als sonst, ein
schöner, aber nicht allzu ungewöhnlicher Hund
stand vor mir, das sah ich, nichts anderes, und doch
glaubte ich, mehr an ihm zu sehen als sonst.

18.4

I saw nothing more than usual, a beautiful but not too
unusual dog stood before me, that's what I saw, nothing
else, and yet I thought I saw more about him than usual.

Unter mir lag Blut, im ersten Augenblick dachte ich,
es sei Speise, ich merkte aber gleich, daß es Blut war,
das ich ausgebrochen hatte.

18.5

There was blood underneath me; at first I thought it was
food, but I realized at once that it was blood I had vomited.

Ich wandte mich davon ab und dem fremden
Hunde zu.

18.6

I turned away from it and towards the strange dog.

Er war mager, hochbeinig, braun, hie und da
weiß gefleckt und hatte einen schönen, starken
forschenden Blick.

18.7

He was lean, long-legged, brown, spotted with white here
and there and had a beautiful, strong, inquiring look.

»Was machst du hier?« sagte er.

18.8

"What are you doing here?" he said.

»Du mußt von hier fortgehen.«

18.9

"You must go away from here."

»Ich kann jetzt nicht fortgehen«, sagte ich, ohne
weitere Erklärung, denn wie hätte ich ihm alles
erklären sollen, auch schien er in Eile zu sein.

18.10

"I can't go away now", I said, without further explanation,
for how could I explain everything to him, and he seemed
to be in a hurry.

18.11 »Bitte, geh fort«, sagte er, und hob unruhig ein Bein nach dem anderen.

"Please, go away", he said, lifting one leg after the other restlessly.

18.12 »Laß mich«, sagte ich, »geh und kümmere dich nicht um mich,

"Leave me", I said, "go away and don't bother about me,

18.13 die anderen kümmern sich auch nicht um mich.«

the others don't bother about me either."

18.14 »Ich bitte dich um deinetwillen«, sagte er.

"I beg you for your own sake", he said.

18.15 »Bitte mich aus welchem Grund du willst«, sagte ich.

"Ask me for whatever reason you want", I said.

18.16 »Ich kann nicht gehen, selbst wenn ich wollte.«

"I can't go even if I wanted to."

18.17 »Daran fehlt es nicht«, sagte er lächelnd.

"There's no lack of that", he said, smiling.

18.18 »Du kannst gehen.

"You can go.

18.19 Eben weil du schwach zu sein scheinst, bitte ich dich, daß du jetzt langsam fortgehst, zögerst du, wirst du später laufen müssen.«

It is precisely because you seem weak that I ask you to walk slowly now; if you hesitate, you will have to walk later."

18.20 »Laß das meine Sorge sein«, sagte ich.

"Let me worry about that", I said.

»Es ist auch meine, sagte er, traurig wegen meiner Hartnäckigkeit, und wollte nun offenbar mich aber vorläufig schon hier lassen, aber die Gelegenheit benützen und sich liebend an mich heranzumachen.   18.21

"It is mine, too", he said, saddened by my obstinacy, and apparently wanted to leave me here for the time being, but take the opportunity to make love to me.

Zu anderer Zeit hätte ich es gerne geduldet von dem Schönen, damals aber, ich begriff es nicht, faßte mich ein Entsetzen davor.   18.22

At another time I would have gladly tolerated it from the handsome man, but at that time, I did not realize it, I was horrified.

»Weg!«   18.23

"Get away!"

schrie ich, um so lauter, als ich mich anders nicht verteidigen konnte.   18.24

I shouted, all the louder because I could not defend myself in any other way.

»Ich lasse dich ja«, sagte er langsam zurücktretend.   18.25

"I'll let you", he said slowly, stepping back.

»Du bist wunderbar. Gefalle ich dir denn nicht?«   18.26

"You are wonderful. Don't you like me?"

»Du wirst mir gefallen, wenn du fortgehst, und mich in Ruhe läßt«, sagte ich, aber ich war meiner nicht mehr so sicher, wie ich ihn glauben machen wollte.   18.27

"I'll like you if you go away and leave me alone", I said, but I wasn't as sure of myself as I wanted him to believe.

18.28 Irgendetwas sah oder hörte ich an ihm mit meinen durch das Hungern geschärften Sinnen, es war erst in den Anfängen, es wuchs, es näherte sich und ich wußte schon, dieser Hund hat allerdings die Macht dich fortzutreiben, wenn du dir jetzt auch noch nicht vorstellen kannst, wie du dich jemals wirst erheben können.

I saw or heard something in him with my senses sharpened by hunger, it was only in its infancy, it was growing, it was approaching and I already knew that this dog had the power to drive you away, even if you cannot yet imagine how you will ever be able to rise.

18.29 Und ich sah ihn, der auf meine grobe Antwort nur sanft den Kopf geschüttelt hatte, mit immer größerer Begierde an.

And I looked at him, who had only shaken his head gently at my rough answer, with ever greater desire.

18.30 »Wer bist du?« fragte ich. »Ich bin ein Jäger«,

"Who are you?" I asked. "I'm a hunter",

18.31 sagte er. »Und warum willst du mich nicht hier lassen?«

he said. "And why won't you leave me here?"

18.32 fragte ich. »Du störst mich«, sagte er,

I asked. "You're bothering me", he said,

18.33 »ich kann nicht jagen, wenn du hier bist.«

"I can't hunt when you're here."

18.34 »Versuche es«, sagte ich,

"Try", I said,

18.35 »vielleicht wirst du noch jagen können.«

"maybe you'll still be able to hunt."

»Nein«, sagte er, »es tut mir leid, aber du mußt fort.« 18.36
"No", he said, "I'm sorry, but you have to go."

»Laß heute das Jagen!« bat ich. »Nein«, sagte er, 18.37
"Don't hunt today", I begged. "No", he said,

»ich muß jagen.« 18.38
"I have to hunt."

»Ich muß fortgehen, du mußt jagen«, sagte ich, 18.39
"I have to go away, you have to hunt", I said,

»lauter Müssen. Verstehst du es, warum wir 18.40
müssen?«
"nothing but must. Do you understand why we have to?"

»Nein«, sagte er, 18.41
"No", he said,

»es ist daran aber auch nichts zu verstehen, es sind 18.42
selbstverständliche, natürliche Dinge.«
"but there's nothing to understand, they're natural
things."

»Doch nicht«, sagte ich, 18.43
"No", I said,

»es tut dir ja leid, daß du mich verjagen mußt, und 18.44
dennoch tust du es.«
"you're sorry that you have to chase me away, and yet you
do it."

»So ist es«, sagte er. 18.45
"That's right", he said.

»So ist es«, wiederholte ich ärgerlich, »das ist keine 18.46
Antwort.
"That's right", I repeated angrily, "that's no answer.

18.47 Welcher Verzicht fiele dir leichter, der Verzicht auf die Jagd oder darauf, mich wegzutreiben?«
Which would be easier for you, to give up hunting or to drive me away?"

18.48 »Der Verzicht auf die Jagd«, sagte er ohne Zögern.
"Giving up hunting", he said without hesitation.

18.49 »Nun also«, sagte ich, »hier ist doch ein Widerspruch.«
"Well then", I said, "there's a contradiction here."

18.50 »Was für ein Widerspruch denn?« sagte er,
"What contradiction?" he said,

18.51 »du lieber kleiner Hund, verstehst du denn wirklich nicht, daß ich muß?
"you dear little dog, don't you really understand that I have to?

18.52 Verstehst du denn das Selbstverständliche nicht?«
Don't you understand the obvious?"

18.53 Ich antwortete nichts mehr, denn ich merkte –
I answered no more, for I perceived –

18.54 und neues Leben durchfuhr mich dabei,
and new life flashed through me,

18.55 Leben wie es der Schrecken gibt – ,
life such as horror gives –

ich merkte an unfaßbaren Einzelheiten, die vielleicht   18.56
niemand außer mir hätte merken können, daß der
Hund aus der Tiefe der Brust zu einem Gesange
anhob.

I perceived in incomprehensible details, which perhaps
no one but myself could have noticed, that the dog was
beginning to sing from the depths of his breast.

»Du wirst singen«, sagte ich. »Ja«, sagte er ernst,   18.57

"You will sing", I said. "Yes", he said gravely,

»ich werde singen, bald, aber noch nicht.«   18.58

"I will sing, soon, but not yet."

»Du beginnst schon«, sagte ich. »Nein«, sagte er,   18.59

"You're already starting", I said. "No", he said,

»noch nicht. Aber mach dich bereit.«   18.60

"not yet. But get ready."

»Ich höre es schon, obwohl du es leugnest«, sagte ich   18.61
zitternd.

"I can hear it already, even though you deny it", I said,
trembling.

Er schwieg.   18.62

He remained silent.

Und ich glaubte damals, etwas zu erkennen, was kein   18.63
Hund je vor mir erfahren hat, wenigstens findet sich
in der Überlieferung nicht die leiseste Andeutung
dessen, und ich versenkte eilig in unendlicher Angst
und Scham das Gesicht in der Blutlache vor mir.

And I thought then that I recognized something that no
dog had ever experienced before me, at least there is not
the slightest hint of it in the tradition, and I sank my face
hastily into the pool of blood in front of me in infinite fear
and shame.

18.64 Ich glaubte nämlich zu erkennen, daß der Hund schon sang, ohne es noch zu wissen, ja mehr noch, daß die Melodie, von ihm getrennt, nach eigenem Gesetz durch die Lüfte schwebte und über ihn hinweg, als gehöre er nicht dazu, nur nach mir, nach mir hin zielte.

For I thought I recognized that the dog was already singing without even knowing it, and even more, that the melody, separated from him, was floating through the air according to its own law and over him, as if he did not belong to it, aiming only at me, at me.

18.65 – Heute leugne ich natürlich alle derartigen Erkenntnisse und schreibe sie meiner damaligen Überreiztheit zu, aber wenn es auch ein Irrtum war, so hat er doch eine gewisse Großartigkeit, ist die einzige, wenn auch nur scheinbare Wirklichkeit, die ich aus der Hungerzeit in diese Welt herübergerettet habe, und sie zeigt zumindest, wie weit bei völligem Außer-sich-sein wir gelangen können.

– Today, of course, I deny all such realizations and attribute them to my over-excitement at the time, but even if it was a mistake, it still has a certain grandeur, it is the only reality, even if only apparent, that I have salvaged from the time of hunger into this world, and it at least shows how far we can get when we are completely out of ourselves.

18.66 Und ich war wirklich völlig außer mir.

And I really was completely beside myself.

18.67 Unter gewöhnlichen Umständen wäre ich schwerkrank gewesen, unfähig, mich zu rühren, aber der Melodie, die nun bald der Hund als die seine zu übernehmen schien, konnte ich nicht widerstehen.

Under normal circumstances, I would have been seriously ill, unable to move, but I couldn't resist the melody that the dog soon seemed to take over as his own.

Immer stärker wurde sie: 18.68
It grew stronger and stronger:

ihr Wachsen hatte vielleicht keine Grenzen und   18.69
schon jetzt sprengte sie mir fast das Gehör.
its growth perhaps had no limits and even now it was
almost beyond my hearing.

Das Schlimmste aber war, daß sie nur meinetwegen   18.70
vorhanden zu sein schien, diese Stimme, vor
deren Erhabenheit der Wald verstummte, nur
meinetwegen;
But the worst thing was that it seemed to be there only for
my sake, this voice before whose majesty the forest fell
silent, only for my sake;

wer war ich, der ich noch immer hier zu bleiben   18.71
wagte und mich vor ihr breitmachte in meinem
Schmutz und Blut?
who was I who still dared to stay here and spread myself out
before it in my dirt and blood?

Schlotternd erhob ich mich, sah an mir hinab;   18.72
I rose to my feet, shivering, and looked down at myself;

so etwas wird doch nicht laufen, dachte ich noch,   18.73
aber schon flog ich, von der Melodie gejagt, in den
herrlichsten Sprüngen dahin.
such a thing will not run, I thought, but I was already flying
along in the most glorious leaps, chased by the melody.

18.74 Meinen Freunden erzählte ich nichts, gleich bei meiner Ankunft hätte ich wahrscheinlich alles erzählt, aber da war ich zu schwach, später schien es mir wieder nicht mitteilbar.

I didn't tell my friends anything; I would probably have told them everything as soon as I arrived, but I was too weak then, and later it seemed impossible to tell them again.

18.75 Andeutungen, die zu unterdrücken ich mich nicht bezwingen konnte, verloren sich spurlos in den Gesprächen.

Hints that I couldn't bring myself to suppress were lost without trace in the conversations.

18.76 Körperlich erholte ich mich übrigens in wenigen Stunden, geistig trage ich noch heute die Folgen.

Incidentally, I recovered physically in a few hours, but mentally I am still suffering the consequences today.

19.1 Meine Forschungen aber erweiterte ich auf die Musik der Hunde.

But I extended my research to the music of dogs.

19.2 Die Wissenschaft war gewiß auch hier nicht untätig, die Wissenschaft von der Musik ist, wenn ich gut berichtet bin, vielleicht noch umfangreicher als jene von der Nahrung, und jedenfalls fester begründet.

Science was certainly not inactive here either; the science of music is, if I am well informed, perhaps even more extensive than that of food, and in any case more firmly founded.

Es ist das dadurch zu erklären, daß auf diesem   19.3
Gebiet leidenschaftsloser gearbeitet werden kann
als auf jenem, und daß es sich hier mehr um bloße
Beobachtungen und Systematisierungen handelt,
dort dagegen vor allem um praktische Folgerungen.
This can be explained by the fact that work in this field
can be done more dispassionately than in the other, and
that here it is more a matter of mere observations and
systematizations, whereas there it is primarily a matter of
practical conclusions.

Damit hängt zusammen, daß der Respekt vor   19.4
der Musikwissenschaft größer ist als vor der
Nahrungswissenschaft, die erstere aber niemals
so tief ins Volk eindringen konnte wie die zweite.
This is related to the fact that respect for musicology is
greater than for food science, but the former has never
been able to penetrate the people as deeply as the latter.

Auch ich stand der Musikwissenschaft, ehe ich die   19.5
Stimme im Wald gehört hatte, fremder gegenüber als
irgendeiner anderen.
Even before I heard the voice in the forest, I was more
alienated from musicology than from any other.

Zwar hatte mich schon das Erlebnis mit den   19.6
Musikhunden auf sie hingewiesen,
The experience with the music dogs had already made me
aware of it,

aber ich war damals noch zu jung.   19.7
but I was still too young at the time.

128

19.8 Auch ist es nicht leicht, an diese Wissenschaft auch
nur heranzukommen, sie gilt als besonders schwierig
und schließt sich vornehm gegen die Menge ab.

It is also not easy to even get close to this science, it is
considered particularly difficult and is nobly closed off
from the crowd.

19.9 Auch war zwar die Musik bei jenen Hunden das
zunächst Auffallendste gewesen, aber wichtiger
als die Musik schien mir ihr verschwiegenes
Hundewesen, für ihre schreckliche Musik fand ich
vielleicht überhaupt keine Ähnlichkeit anderswo, ich
konnte sie eher vernachlässigen, aber ihr Wesen
begegnete mir von damals an in allen Hunden
überall.

And although the music of those dogs was the most striking
thing at first, their secretive canine nature seemed more
important to me than the music; perhaps I found no
similarity at all elsewhere for their terrible music, I could
rather neglect it, but from then on I encountered their
nature everywhere in all dogs.

19.10 In das Wesen der Hunde einzudringen, schienen mir
aber Forschungen über die Nahrung am geeignetsten
und ohne Umweg zum Ziele führend.

To penetrate into the nature of dogs, however, research
into their food seemed to me to be the most suitable and to
lead directly to the goal.

19.11 Vielleicht hatte ich darin Unrecht.

Perhaps I was wrong.

19.12 Ein Grenzgebiet der beiden Wissenschaften lenkte
allerdings schon damals meinen Verdacht auf sich.

However, a borderline area of the two sciences already
aroused my suspicion at the time.

Es ist die Lehre von dem die Nahrung herabrufenden   19.13
Gesang.
It is the doctrine of the song that calls down food.

Wieder ist es hier für mich sehr störend, daß ich   19.14
auch in die Musikwissenschaft niemals ernstlich
eingedrungen bin und mich in dieser Hinsicht bei
weitem nicht einmal zu den von der Wissenschaft
immer besonders verachteten Halbgebildeten
rechnen kann.
Again, it is very disturbing for me that I have never
seriously penetrated musicology and that in this respect
I cannot even count myself among the half-educated, who
are always particularly despised by science.

Dies muß mir immer gegenwärtig bleiben.   19.15
I must always remember this.

Vor einem Gelehrten würde ich, ich habe leider dafür   19.16
Beweise, auch in der leichtesten wissenschaftlichen
Prüfung sehr schlecht bestehen.
In front of a scholar, I would, unfortunately I have
proof of this, do very badly even in the lightest scientific
examination.

Das hat natürlich, von den schon erwähnten   19.17
Lebensumständen abgesehen, seinen Grund
zunächst in meiner wissenschaftlichen Unfähigkeit,
geringer Denkkraft, schlechtem Gedächtnis und vor
allem in dem Außerstandesein, das wissenschaftliche
Ziel mir immer vor Augen zu halten.
Apart from the circumstances of life I have already
mentioned, this is of course due first of all to my scientific
incapacity, poor powers of reasoning, poor memory and
above all to my inability to keep the scientific goal in mind
at all times.

19.18   Das alles gestehe ich mir offen ein,

I openly admit all this to myself,

19.19   sogar mit einer gewissen Freude.

even with a certain pleasure.

19.20   Denn der tiefere Grund meiner wissenschaftlichen
Unfähigkeit scheint mir ein Instinkt und wahrlich
kein schlechter Instinkt zu sein.

For the deeper reason for my scientific incapacity seems to
me to be an instinct, and certainly not a bad instinct.

19.21   Wenn ich bramarbasieren wollte, könnte ich sagen,
daß gerade dieser Instinkt meine wissenschaftlichen
Fähigkeiten zerstört hat, denn es wäre doch
eine zumindest sehr merkwürdige Erscheinung,
daß ich, der ich in den gewöhnlichen täglichen
Lebensdingen, die gewiß nicht die einfachsten
sind, einen erträglichen Verstand zeige, und vor
allem, wenn auch nicht die Wissenschaft so doch
die Gelehrten sehr gut verstehe, was an meinen
Resultaten nachprüfbar ist, von vornherein unfähig
gewesen sein sollte, die Pfote auch nur zur ersten
Stufe der Wissenschaft zu erheben.

If I wanted to be bramar-based, I could say that it was
precisely this instinct that destroyed my scientific abilities,
for it would be a very strange phenomenon, to say the
least, that I, who show a tolerable intellect in the ordinary
everyday things of life, which are certainly not the
simplest, and above all, if not science at least understand
the scholars very well, which is verifiable from my results,
should have been incapable from the outset of raising my
paw even to the first stage of science.

Es war der Instinkt, der mich vielleicht gerade um der Wissenschaft willen, aber einer anderen Wissenschaft als sie heute geübt wird, einer allerletzten Wissenschaft, die Freiheit höher schätzen ließ als alles andere.   19.22

It was instinct that made me value freedom more than anything else, perhaps precisely for the sake of science, but a different science than is practiced today, a science of the very last resort.

Die Freiheit!   19.23

Freedom!

Freilich, die Freiheit, wie sie heute möglich ist, ist ein kümmerliches Gewächs.   19.24

Admittedly, freedom as it is possible today is a meager crop.

Aber immerhin Freiheit, immerhin ein Besitz. –   19.25

But at least it is freedom, at least it is a possession. –

Heimkehr

Homecoming

1.1 **Ich bin zurückgekehrt,**
I have returned,

1.2 **ich habe den Flur durchschritten und blicke mich um.**
I have walked through the hallway and look around.

1.3 **Es ist meines Vaters alter Hof. Die Pfütze in der Mitte.**
It's my father's old yard. The puddle in the middle.

1.4 **Altes, unbrauchbares Gerät, ineinander verfahren, verstellt den Weg zur Bodentreppe.**
Old, useless equipment, jumbled together, blocking the way to the loft stairs.

1.5 **Die Katze lauert auf dem Geländer.**
The cat lurks on the banister.

1.6 **Ein zerrissenes Tuch, einmal im Spiel um eine Stange gewunden, hebt sich im Wind.**
A torn cloth, once wrapped around a pole in play, lifts in the wind.

Ich bin angekommen. Wer wird mich empfangen?   2.1
I have arrived. Who will receive me?

Wer wartet hinter der Tür der Küche?   2.2
Who is waiting behind the kitchen door?

Rauch kommt aus dem Schornstein,   2.3
Smoke is coming out of the chimney,

der Kaffee zum Abendessen wird gekocht. Ist dir   2.4
heimlich,
the coffee for dinner is being made. Are you secretive,

fühlst du dich zu Hause? Ich weiß es nicht,   2.5
do you feel at home? I don't know,

ich bin sehr unsicher.   2.6
I'm very unsure.

Meines Vaters Haus ist es, aber kalt steht Stück   2.7
neben Stück, als wäre jedes mit seinen eigenen
Angelegenheiten beschäftigt, die ich teils vergessen
habe, teils niemals kannte.
It's my father's house, but it's cold, one piece next to the
other, as if each were busy with its own affairs, some of
which I've forgotten, some of which I never knew.

Was kann ich ihnen nützen, was bin ich ihnen und   2.8
sei ich auch des Vaters, des alten Landwirts Sohn.
What use can I be to them, what am I to them, even if I am
my father's son, the old farmer's son.

2.9 Und ich wage nicht an die Küchentür zu klopfen, nur
von der Ferne horche ich, nur von der Ferne horche
ich stehend, nicht so, dass ich als Horcher überrascht
werden könnte.

And I dare not knock on the kitchen door, I only listen from
a distance, only from a distance I listen standing, not so
that I could be surprised as a listener.

2.10 Und weil ich von der Ferne horche, erhorche ich
nichts, nur einen leichten Uhrenschlag höre ich oder
glaube ihn vielleicht nur zu hören, herüber aus den
Kindertagen.

And because I'm listening from a distance, I don't hear
anything, I only hear, or perhaps only think I hear, the
gentle chime of a clock from my childhood.

2.11 Was sonst in der Küche geschieht, ist das Geheimnis
der dort Sitzenden, das sie vor mir wahren.

What else happens in the kitchen is the secret of those
sitting there, which they keep from me.

2.12 Je länger man vor der Tür zögert,

The longer you hesitate in front of the door,

2.13 desto fremder wird man.

the stranger you become.

2.14 Wie wäre es, wenn jetzt jemand die Tür öffnete und
mich etwas fragte.

What would it be like if someone opened the door now and
asked me something.

2.15 Wäre ich dann nicht selbst wie einer, der sein
Geheimnis wahren will.

Wouldn't I then be like someone who wants to keep his
secret.

Rede über die jiddische Sprache

Speech about the Yiddish language

1.1 Vor den ersten Versen der ostjüdischen Dichter
möchte ich Ihnen, sehr geehrte Damen und Herren,
noch sagen, wie viel mehr Jargon Sie verstehen als
Sie glauben.

Before the first verses of the Eastern Jewish poets, I would
like to tell you, ladies and gentlemen, how much more
jargon you understand than you think.

2.1 Ich habe nicht eigentlich Sorge um die Wirkung,
die für jeden von Ihnen in dem heutigen Abend
vorbereitet ist, aber ich will, daß sie gleich frei werde,
wenn sie es verdient.

I am not really concerned about the effect that is prepared
for each of you this evening, but I want it to be released
immediately, if it deserves it.

2.2 Dies kann aber nicht geschehen, solange manche
unter Ihnen eine solche Angst vor dem Jargon haben,
daß man es fast auf ihren Gesichtern sieht.

But this cannot happen as long as some of you are so afraid
of jargon that you can almost see it on your faces.

137

Von denen, welche gegen den Jargon hochmütig sind, rede ich gar nicht.   2.3

I am not talking about those who are arrogant against jargon.

Aber Angst vor dem Jargon, Angst mit einem gewissen Widerwillen auf dem Grunde ist schließlich verständlich wenn man will.   2.4

But fear of jargon, fear with a certain reluctance at the bottom, is understandable if you like.

Unsere westeuropäischen Verhältnisse sind, wenn wir sie mit vorsichtig flüchtigem Blick ansehn, so geordnet;   3.1

Our Western European relations, if we look at them with a cautious glance, are so orderly;

alles nimmt seinen ruhigen Lauf.   3.2

everything takes its quiet course.

Wir leben in einer geradezu fröhlichen Eintracht, verstehen einander, wenn es notwendig ist, kommen ohne einander aus, wenn es uns paßt, und verstehen einander selbst dann;   3.3

We live in an almost cheerful harmony, understand each other when it is necessary, get along without each other when it suits us, and even then understand each other;

wer könnte aus einer solchen Ordnung der Dinge heraus den verwirrten Jargon verstehen oder wer hätte auch nur die Lust dazu?   3.4

who could understand the confused jargon out of such an order of things, or who would even have the desire to do so?

Der Jargon ist die jüngste europäische Sprache,   4.1

Jargon is the youngest European language,

138

4.2 **erst vierhundert Jahre alt und eigentlich noch viel jünger.**
only four hundred years old and actually much younger.

4.3 **Er hat noch keine Sprachformen von solcher Deutlichkeit ausgebildet, wie wir sie brauchen.**
It has not yet developed linguistic forms of the clarity we need.

4.4 **Sein Ausdruck ist kurz und rasch.**
Its expression is short and quick.

5.1 **Er hat keine Grammatiken.**
It has no grammars.

5.2 **Liebhaber versuchen Grammatiken zu schreiben,**
Lovers try to write grammars,

5.3 **aber der Jargon wird immerfort gesprochen;**
but the jargon is always spoken;

5.4 **er kommt nicht zur Ruhe.**
it never comes to rest.

5.5 **Das Volk läßt ihn den Grammatikern nicht.**
The people won't let the grammarians have it.

6.1 **Er besteht nur aus Fremdwörtern.**
It consists only of foreign words.

6.2 **Diese ruhen aber nicht in ihm, sondern behalten die Eile und Lebhaftigkeit, mit der sie genommen wurden.**
However, these do not rest in it, but retain the haste and liveliness with which they were taken.

Völkerwanderungen durchlaufen den Jargon von
einem Ende bis zum anderen.

6.3

Migrations of peoples run through the jargon from one end
to the other.

Alles dieses Deutsche, Hebräische, Französische,
Englische, Slawische, Holländische, Rumänische
und selbst Lateinische ist innerhalb des Jargon
von Neugier und Leichtsinn erfaßt, es gehört
schon Kraft dazu, die Sprachen in diesem Zustande
zusammenzuhalten.

6.4

All this German, Hebrew, French, English, Slavonic, Dutch,
Romanian and even Latin is seized by curiosity and frivolity
within the jargon; it takes strength to keep the languages
together in this state.

Deshalb denkt auch kein vernünftiger Mensch daran,
aus dem Jargon eine Weltsprache zu machen, so nahe
dies eigentlich läge.

6.5

That is why no sensible person would think of turning
jargon into a world language, as obvious as that would
actually be.

Nur die Gaunersprache entnimmt ihm gern,

6.6

Only the language of crooks likes to borrow from it,

weil sie weniger sprachliche Zusammenhänge
braucht als einzelne Worte.

6.7

because it needs fewer linguistic contexts than individual
words.

Dann, weil der Jargon doch lange eine mißachtete
Sprache war.

6.8

Then because jargon has long been a disregarded language.

7.1 **In diesem Treiben der Sprache herrschen aber wieder Bruchstücke bekannter Sprachgesetze.**

However, fragments of familiar linguistic laws prevail in this linguistic hustle and bustle.

7.2 **Der Jargon stammt zum Beispiel in seinen Anfängen aus der Zeit, als das Mittelhochdeutsche ins Neuhochdeutsche überging.**

Jargon, for example, dates back to the time when Middle High German was being transformed into Modern High German.

7.3 **Da gab es Wahlformen, das Mittelhochdeutsche nahm die eine, der Jargon die andere.**

There were optional forms, Middle High German took one, jargon the other.

7.4 **Oder der Jargon entwickelte mittelhochdeutsche Formen folgerichtiger als selbst das Neuhochdeutsche;**

Or Jargon developed Middle High German forms more logically than even New High German;

7.5 **so zum Beispiel ist das Jargon'sche ›mir seien‹ (neuhochdeutsch**

for example, Jargon's 'mir seien' (New High German

7.6 **›wir sind‹) aus dem Mittelhochdeutschen**

'wir sind') developed more naturally from the Middle High German

7.7 **›sîn‹ natürlicher entwickelt, als das neuhochdeutsche**

'sîn' than the New High German

7.8 **›wir sind‹.**

'wir sind'.

Oder der Jargon blieb bei mittelhochdeutschen 7.9
Formen trotz des Neuhochdeutschen.

Or the jargon remained with Middle High German forms
despite New High German.

Was einmal ins Ghetto kam, rührte sich nicht so bald 7.10
weg.

What once entered the ghetto did not move away so
quickly.

So bleiben Formen wie ›Kerzlach‹, ›Blümlach‹, 7.11
›Liedlach‹.

Forms such as 'Kerzlach', 'Blümlach', 'Liedlach' remain.

Und nun strömen in diese Sprachgebilde von Willkür 8.1
und Gesetz die Dialekte des Jargon noch ein.

And now the dialects of jargon are pouring into this
linguistic structure of arbitrariness and law.

Ja der ganze Jargon besteht nur aus Dialekt, selbst 8.2
die Schriftsprache, wenn man sich auch über die
Schreibweise zum größten Teil geeinigt hat.

Indeed, the whole jargon consists only of dialect, even the
written language, even if there is agreement on the spelling
for the most part.

Mit all dem denke ich die meisten von Ihnen, sehr 8.3
geehrte Damen und Herren, vorläufig überzeugt
zu haben, daß Sie kein Wort des Jargon verstehen
werden.

With all this I think I have convinced most of you, ladies
and gentlemen, that you will not understand a word of the
jargon.

9.1 Erwarten Sie von der Erklärung der Dichtungen keine Hilfe.

Do not expect any help from the explanation of the seals.

9.2 Wenn Sie nun nicht einmal imstande sind, Jargon zu verstehen, kann Ihnen keine Augenblickserklärung helfen.

If you are not even able to understand jargon, no instant explanation can help you.

9.3 Sie werden im besten Fall die Erklärung verstehen und merken,

At best,

9.4 daß etwas Schwieriges kommen wird.

you will understand the explanation and realize that something difficult is coming.

9.5 Das wird alles sein. Ich kann Ihnen zum Beispiel sagen:

That will be all. I can tell you, for example:

10.1 Herr Löwy wird jetzt, wie es auch tatsächlich sein wird, drei Gedichte vortragen.

Mr. Löwy will now recite three poems, as indeed he will.

10.2 Zuerst ›Die Grine‹ von Rosenfeld.

First, 'The Grine' by Rosenfeld.

10.3 Grine das sind die Grünen, die Grünhörner, die neuen Ankömmlinge in Amerika.

Grine are the greens, the greenhorns, the new arrivals in America.

143

Solche jüdische Auswanderer gehen in diesem
Gedichte in einer kleinen Gruppe mit ihrem
schmutzigen Reisegepäck durch eine New Yorker
Straße.   10.4

In this poem, such Jewish emigrants walk through a New
York street in a small group with their dirty luggage.

Das Publikum sammelt sich natürlich an, bestaunt
sie, folgt ihnen und lacht.   10.5

The audience naturally gathers round, marvels at them,
follows them and laughs.

Der von diesem Anblick über sich hinaus erregte
Dichter spricht über diese Straßenszenen hinweg
zum Judentum und zur Menschheit.   10.6

The poet, excited beyond himself by this sight, speaks to
Judaism and humanity through these street scenes.

Man hat den Eindruck, daß die Auswanderergruppe
stockt, während der Dichter spricht, trotzdem sie
fern ist und ihn nicht hören kann.   10.7

One has the impression that the group of emigrants freezes
while the poet speaks, even though they are far away and
cannot hear him.

Das zweite Gedicht ist von Frug und heißt ›Sand und
Sterne‹.   10.8

The second poem is by Frug and is called 'Sand and Stars'.

Es ist eine bittere Auslegung einer biblischen
Verheißung.   11.1

It is a bitter interpretation of a biblical promise.

Es heißt, wir werden sein wie der Sand am Meer und
die Sterne am Himmel.   11.2

It says we will be like the sand of the sea and the stars of the
sky.

11.3 Nun, getreten wie der Sand sind wir schon, wann wird das mit den Sternen wahr werden?

Well, we are already trodden like the sand, when will the stars come true?

12.1 Das dritte Gedicht ist von Frischmann und heißt

The third poem is by Frischmann and is called

12.2 ›Die Nacht ist still‹.

'The night is still'.

13.1 Ein Liebespaar begegnet in der Nacht einem frommen Gelehrten, der ins Bethaus geht.

A pair of lovers meet a pious scholar at night who goes to the house of prayer.

13.2 Sie erschrecken, fürchten verraten zu sein, später beruhigen sie einander.

They are frightened, afraid of being betrayed, but later they reassure each other.

14.1 Nun ist, wie Sie sehen, mit solchen Erklärungen nichts getan.

Now, as you can see, such explanations are not enough.

15.1 Eingenäht in diese Erklärungen werden Sie dann bei dem Vortrage das suchen, was Sie schon wissen, und das, was wirklich da sein wird, werden Sie nicht sehen.

Sewn into these explanations, you will then look for what you already know during the lecture, and you will not see what will really be there.

15.2 Glücklicherweise ist aber jeder der deutschen Sprache Kundige auch fähig,

Fortunately,

Jargon zu verstehen. 15.3
everyone who knows German is also capable of
understanding jargon.

Denn von einer allerdings großen Ferne aus gesehn, 15.4
wird die äußere Verständlichkeit des Jargon von der
deutschen Sprache gebildet;
For seen from a distance, however great, the external
comprehensibility of jargon is formed by the German
language;

das ist ein Vorzug vor allen Sprachen der Erde. 15.5
that is an advantage over all the languages of the world.

Sie hat dafür auch gerechterweise einen Nachteil vor 15.6
allen.
On the other hand, it also has a fair disadvantage compared
to all of them.

Man kann nämlich Jargon nicht in die deutsche 15.7
Sprache übersetzen.
Jargon cannot be translated into German.

Die Verbindungen zwischen Jargon und Deutsch 15.8
sind zu zart und bedeutend, als daß sie nicht sofort
zerreißen müßten, wenn Jargon ins Deutsche
zurückgeführt wird, das heißt es wird kein Jargon
mehr zurückgeführt, sondern etwas Wesenloses.
The connections between jargon and German are too
delicate and significant for them not to be torn apart
immediately when jargon is translated back into German,
which means that it is no longer jargon that is translated
back, but something insubstantial.

15.9 Durch Übersetzung ins Französische zum Beispiel kann Jargon den Franzosen vermittelt werden, durch Übersetzung ins Deutsche wird er vernichtet.

Through translation into French, for example, jargon can be conveyed to the French, through translation into German it is destroyed.

15.10 ›Toit‹ zum Beispiel ist eben nicht ›tot‹ und ›Blüt‹ ist keinesfalls ›Blut‹.

'Toit', for example, is not 'dead' and 'Blüt' is by no means 'blood'.

16.1 Aber nicht nur aus dieser Ferne der deutschen Sprache können Sie, verehrte Damen und Herren, Jargon verstehen;

But it is not only from this distance of the German language that you, ladies and gentlemen, can understand jargon;

16.2 Sie dürfen einen Schritt näher.

you may take a step closer.

16.3 Noch zumindest vor nicht langer Zeit erschien die vertrauliche Verkehrssprache der deutschen Juden, je nachdem ob sie in der Stadt oder auf dem Lande lebten, mehr im Osten oder im Westen, wie eine fernere oder nähere Vorstufe des Jargon, und Abtönungen sind noch viele geblieben.

Not so long ago at least, the confidential lingua franca of German Jews, depending on whether they lived in the city or in the country, more in the East or in the West, seemed like a more distant or closer precursor of jargon, and many nuances still remain.

16.4 Die historische Entwicklung des Jargon hätte deshalb fast ebenso gut wie in der Tiefe der Geschichte,

The historical development of jargon could therefore have been traced almost as well as in the depths of history,

147

in der Fläche der Gegenwart verfolgt werden können. 16.5

in the surface of the present.

Ganz nahe kommen Sie schon an den Jargon, wenn 17.1
Sie bedenken, daß in Ihnen außer Kenntnissen auch
noch Kräfte tätig sind und Anknüpfungen von
Kräften, welche Sie befähigen, Jargon fühlend zu
verstehen.

You come very close to jargon when you consider that,
in addition to knowledge, there are also forces and
connections of forces active in you which enable you to
understand jargon with feeling.

Erst hier kann der Erklärer helfen, der Sie beruhigt, 17.2
so daß Sie sich nicht mehr ausgeschlossen fühlen und
auch einsehen, daß Sie nicht mehr darüber klagen
dürfen, daß Sie Jargon nicht verstehen.

Only here can the explainer help to reassure you, so that
you no longer feel excluded and also realize that you can no
longer complain that you do not understand jargon.

Das ist das Wichtigste, denn mit jeder Klage 17.3
entweicht das Verständnis.

That is the most important thing, because with every
complaint, understanding slips away.

Bleiben Sie aber still, 17.4

But if you remain silent,

dann sind Sie plötzlich mitten im Jargon. 17.5

you will suddenly find yourself in the middle of jargon.

Wenn Sie aber einmal Jargon ergriffen hat – 17.6

But once jargon has taken hold of you –

17.7 und Jargon ist alles, Wort, chassidische Melodie und das Wesen dieses ostjüdischen Schauspielers selbst –,

and jargon is everything, word, Hasidic melody and the very essence of this Eastern Jewish actor –

17.8 dann werden Sie Ihre frühere Ruhe nicht mehr wiedererkennen.

then you will no longer recognize your former calm.

17.9 Dann werden Sie die wahre Einheit des Jargon zu spüren bekommen, so stark, daß Sie sich fürchten werden, aber nicht mehr vor dem Jargon, sondern vor sich.

Then you will feel the true unity of the jargon, so strongly that you will be afraid, but no longer of the jargon, but of yourself.

17.10 Sie würden nicht imstande sein, diese Furcht allein zu ertragen, wenn nicht gleich auch aus dem Jargon das Selbstvertrauen über Sie käme, das dieser Furcht standhält und noch stärker ist.

You would not be able to bear this fear alone if the jargon did not immediately give you the self-confidence that can withstand this fear and is even stronger.

17.11 Genießen Sie es, so gut Sie können! Wenn es sich dann verliert,

Enjoy it as much as you can! If it then disappears,

17.12 morgen und später –

tomorrow and later –

17.13 wie könnte es sich auch an der Erinnerung an einen einzigen Vortragsabend halten! –,

how could it hold on to the memory of a single evening of lectures! –,

149

dann wünsche ich Ihnen aber, daß Sie auch die 17.14
Furcht vergessen haben möchten.
but I hope that you will also forget the fear.

Denn strafen wollten wir Sie nicht. 17.15
For we did not want to punish you.

Josefine, die Sängerin oder Das Volk der Mäuse

Josefine, the Singer or The People of the Mice

1.1 **Unsere Sängerin heißt Josefine.**
Our singer's name is Josefine.

1.2 **Wer sie nicht gehört hat, kennt nicht die Macht des Gesanges.**
Anyone who has not heard her does not know the power of singing.

1.3 **Es gibt niemanden, den ihr Gesang nicht fortreißt, was umso höher zu bewerten ist, als unser Geschlecht im ganzen Musik nicht liebt.**
There is no one who is not carried away by her singing, which is all the more remarkable as our sex as a whole does not love music.

1.4 **Stiller Frieden ist uns die liebste Musik;**
Silent peace is our favorite music;

unser Leben ist schwer, wir können uns, auch wenn wir einmal alle Tagessorgen abzuschütteln versucht haben, nicht mehr zu solchen, unserem sonstigen Leben so fernen Dingen erheben, wie es die Musik ist. 1.5

our life is difficult, even if we have once tried to shake off all daily worries, we can no longer rise to such things as music, which are so far removed from the rest of our lives.

Doch beklagen wir es nicht sehr; 1.6

But we don't lament it very much;

nicht einmal so weit kommen wir; 1.7

we don't even get that far;

eine gewisse praktische Schlauheit, die wir freilich auch äußerst dringend brauchen, halten wir für unsern größten Vorzug, und mit dem Lächeln dieser Schlauheit pflegen wir uns über alles hinwegzutrösten, auch wenn wir einmal – 1.8

we consider a certain practical cleverness, which of course we also need extremely urgently, to be our greatest asset, and with the smile of this cleverness we tend to comfort ourselves over everything, even if we should one day –

was aber nicht geschieht – 1.9

which doesn't happen –

das Verlangen nach dem Glück haben sollten, das von der Musik vielleicht ausgeht. 1.10

have the desire for the happiness that perhaps comes from music.

Nur Josefine macht eine Ausnahme; 1.11

Only Josefine is an exception;

sie liebt die Musik und weiß sie auch zu vermitteln; 1.12

she loves music and knows how to communicate it;

1.13 **sie ist die einzige;**

she is the only one;

1.14 **mit ihrem Hingang wird die Musik – wer weiß wie lange – aus unserem Leben verschwinden.**

with her passing, music will disappear from our lives - for who knows how long.

2.1 **Ich habe oft darüber nachgedacht, wie es sich mit dieser Musik eigentlich verhält.**

I have often thought about how it is with this music.

2.2 **Wir sind doch ganz unmusikalisch;**

We are completely unmusical;

2.3 **wie kommt es, daß wir Josefines Gesang verstehn oder, da Josefine unser Verständnis leugnet, wenigstens zu verstehen glauben.**

how is it that we understand Josefine's singing or, since Josefine denies our understanding, at least think we understand it.

2.4 **Die einfachste Antwort wäre, daß die Schönheit dieses Gesanges so groß ist, daß auch der stumpfste Sinn ihr nicht widerstehen kann, aber diese Antwort ist nicht befriedigend.**

The simplest answer would be that the beauty of this song is so great that even the dullest sense cannot resist it, but this answer is not satisfactory.

Wenn es wirklich so wäre, müßte man vor diesem Gesang zunächst und immer das Gefühl des Außerordentlichen haben, das Gefühl, aus dieser Kehle erklinge etwas, was wir nie vorher gehört haben und das zu hören wir auch gar nicht die Fähigkeit haben, etwas, was zu hören uns nur diese eine Josefine und niemand sonst befähigt. 2.5

If it were really so, we would first and foremost have to have the feeling of the extraordinary before this song, the feeling that something is sounding from this throat that we have never heard before and that we do not even have the ability to hear, something that only this one Josephine and no one else enables us to hear.

Gerade das trifft aber meiner Meinung nach nicht zu, 2.6

But in my opinion this is not the case,

ich fühle es nicht und habe auch bei andern nichts dergleichen bemerkt. 2.7

I don't feel it and I haven't noticed anything like it in others either.

Im vertrauten Kreise gestehen wir einander offen, daß Josefinens Gesang als Gesang nichts Außerordentliches darstellt. 2.8

In our intimate circle we openly admit to each other that Josephine's singing as singing is nothing extraordinary.

Ist es denn überhaupt Gesang? 3.1

Is it singing at all?

Trotz unserer Unmusikalität haben wir Gesangsüberlieferungen; 3.2

Despite our unmusicality, we have singing traditions;

in den alten Zeiten unseres Volkes gab es Gesang; 3.3

there was singing in the old times of our people;

3.4 Sagen erzählen davon und sogar Lieder sind erhalten,

legends tell of it and even songs have been preserved,

3.5 die freilich niemand mehr singen kann.

which of course no one can sing anymore.

3.6 Eine Ahnung dessen, was Gesang ist, haben wir also und dieser Ahnung entspricht Josefinens Kunst eigentlich nicht.

So we have an idea of what singing is, and Josefinen's art does not actually correspond to this idea.

3.7 Ist es denn überhaupt Gesang?

Is it singing at all?

3.8 Ist es nicht vielleicht doch nur ein Pfeifen?

Isn't it perhaps just whistling?

3.9 Und Pfeifen allerdings kennen wir alle, es ist die eigentliche Kunstfertigkeit unseres Volkes, oder vielmehr gar keine Fertigkeit, sondern eine charakteristische Lebensäußerung.

And whistling is something we all know, it is the real skill of our people, or rather not a skill at all, but a characteristic expression of life.

3.10 Alle pfeifen wir, aber freilich denkt niemand daran, das als Kunst auszugeben, wir pfeifen, ohne darauf zu achten, ja, ohne es zu merken und es gibt sogar viele unter uns, die gar nicht wissen, daß das Pfeifen zu unsern Eigentümlichkeiten gehört.

We all whistle, but of course no one thinks of passing it off as an art; we whistle without paying attention to it, indeed, without realizing it, and there are even many of us who do not even know that whistling is one of our characteristics.

Wenn es also wahr wäre, daß Josefine nicht singt, sondern nur pfeift und vielleicht gar, wie es mir wenigstens scheint, über die Grenzen des üblichen Pfeifens kaum hinauskommt –   3.11

So if it were true that Josephine does not sing, but only whistles, and perhaps even, as it seems to me at least, scarcely goes beyond the limits of the usual whistling –

ja vielleicht reicht ihre Kraft für dieses übliche Pfeifen nicht einmal ganz hin, während es ein gewöhnlicher Erdarbeiter ohne Mühe den ganzen Tag über neben seiner Arbeit zustandebringt –   3.12

indeed, perhaps her strength does not even quite suffice for this usual whistling, while an ordinary earthworker manages it without effort all day long in addition to his work –

wenn das alles wahr wäre, dann wäre zwar Josefinens angebliche Künstlerschaft widerlegt, aber es wäre dann erst recht das Rätsel ihrer großen Wirkung zu lösen.   3.13

if all this were true, then Josephine's alleged artistry would be disproved, but then all the more would the mystery of her great effect have to be solved.

Es ist aber eben doch nicht nur Pfeifen, was sie produziert.   4.1

But it is not just whistling that she produces.

4.2 Stellt man sich recht weit von ihr hin und horcht, oder noch besser, läßt man sich in dieser Hinsicht prüfen, singt also Josefine etwa unter andern Stimmen und setzt man sich die Aufgabe, ihre Stimme zu erkennen, dann wird man unweigerlich nichts anderes heraushören, als ein gewöhnliches, höchstens durch Zartheit oder Schwäche ein wenig auffallendes Pfeifen.

If you stand quite far away from her and listen, or even better, if you allow yourself to be tested in this respect, i.e. if Josefine sings among other voices and you set yourself the task of recognizing her voice, then you will inevitably hear nothing other than an ordinary whistling, at most a little conspicuous due to its delicacy or weakness.

4.3 Aber steht man vor ihr, ist es doch nicht nur ein Pfeifen;

But if you stand in front of her, it is not just a whistle;

4.4 es ist zum Verständnis ihrer Kunst notwendig, sie nicht nur zu hören sondern auch zu sehn.

to understand her art it is necessary not only to hear her but also to see her.

4.5 Selbst wenn es nur unser tagtägliches Pfeifen wäre, so besteht hier doch schon zunächst die Sonderbarkeit, daß jemand sich feierlich hinstellt, um nichts anderes als das Übliche zu tun.

Even if it were only our everyday whistling, there is the peculiarity that someone stands solemnly to do nothing other than the usual.

Eine Nuß aufknacken ist wahrhaftig keine 4.6
Kunst, deshalb wird es auch niemand wagen, ein
Publikum zusammenzurufen und vor ihm, um es zu
unterhalten, Nüsse knacken.

Cracking a nut is truly not an art, which is why no one
would dare to call an audience together and crack nuts in
front of them to entertain them.

Tut er es dennoch und gelingt seine Absicht, 4.7

If he does it anyway and succeeds in his intention,

dann kann es sich eben doch nicht nur um bloßes 4.8
Nüsseknacken handeln.

then it can't just be a matter of cracking nuts.

Oder es handelt sich um Nüsseknacken, aber es stellt 4.9
sich heraus, daß wir über diese Kunst hinweggesehen
haben, weil wir sie glatt beherrschten und daß
uns dieser neue Nußknacker erst ihr eigentliches
Wesen zeigt, wobei es dann für die Wirkung sogar
nützlich sein könnte, wenn er etwas weniger tüchtig
im Nüsseknacken ist als die Mehrzahl von uns.

Or it is nut-cracking, but it turns out that we have
overlooked this art because we have mastered it smoothly
and that this new nut-cracker is only showing us its true
nature, in which case it might even be useful for the
effect if he is a little less proficient at nut-cracking than
the majority of us.

Vielleicht verhält es sich ähnlich mit Josefinens 5.1
Gesang; wir bewundern an ihr das,

Perhaps it is the same with Josefine's singing; we admire in
her what we do not admire in ourselves; incidentally,

5.2 was wir an uns gar nicht bewundern; übrigens stimmt sie in letzterer Hinsicht mit uns völlig überein.

in the latter respect she agrees with us completely.

5.3 Ich war einmal zugegen, als sie jemand, wie dies natürlich öfters geschieht, auf das allgemeine Volkspfeifen aufmerksam machte und zwar nur ganz bescheiden, aber für Josefine war es schon zu viel.

I was once present when someone drew her attention to the general whistling of the people, as of course often happens, and only very modestly, but for Josefine it was already too much.

5.4 Ein so freches, hochmütiges Lächeln, wie sie es damals aufsetzte, habe ich noch nicht gesehn;

I have never seen such a cheeky, haughty smile as she wore then;

5.5 sie, die äußerlich eigentlich vollendete Zartheit ist, auffallend zart selbst in unserem an solchen Frauengestalten reichen Volk, erschien damals geradezu gemein;

she, who outwardly is actually perfect delicacy, strikingly delicate even in our people, who are rich in such female figures, seemed downright mean at the time;

5.6 sie mochte es übrigens in ihrer großen Empfindlichkeit auch gleich selbst fühlen und faßte sich.

incidentally, she must have felt it herself in her great sensitivity and caught herself.

5.7 Jedenfalls leugnet sie also jeden Zusammenhang zwischen ihrer Kunst und dem Pfeifen.

In any case, she denies any connection between her art and whistling.

159

Für die, welche gegenteiliger Meinung sind, 5.8
hat sie nur Verachtung und wahrscheinlich
uneingestandenen Haß.
For those who are of the opposite opinion, she has only
contempt and probably unacknowledged hatred.

Das ist nicht gewöhnliche Eitelkeit, denn diese 5.9
Opposition, zu der auch ich halb gehöre, bewundert
sie gewiß nicht weniger als es die Menge tut, aber
Josefine will nicht nur bewundert, sondern genau
in der von ihr bestimmten Art bewundert sein, an
Bewunderung allein liegt ihr nichts.
This is not ordinary vanity, for this opposition, of which I
too am half a member, certainly admires her no less than
the crowd does, but Josefine not only wants to be admired,
she wants to be admired in exactly the way she wants to be
admired; she has no interest in admiration alone.

Und wenn man vor ihr sitzt, versteht man sie; 5.10
And when you sit in front of her, you understand her;

Opposition treibt man nur in der Ferne; 5.11
opposition is only in the distance;

wenn man vor ihr sitzt, weiß man: 5.12
when you sit in front of her, you know:

was sie hier pfeift, ist kein Pfeifen. 5.13
what she whistles here is not whistling.

Da Pfeifen zu unseren gedankenlosen Gewohnheiten 6.1
gehört, könnte man meinen, daß auch in Josefinens
Auditorium gepfiffen wird;
Since whistling is one of our thoughtless habits, one might
think that there is whistling in Josefinen's auditorium too;

160

6.2 **es wird uns wohl bei ihrer Kunst und wenn uns wohl ist,**

we feel good about her art and when we feel good,

6.3 **pfeifen wir;**

we whistle;

6.4 **aber ihr Auditorium pfeift nicht, es ist mäuschenstill, so als wären wir des ersehnten Friedens teilhaftig geworden, von dem uns zumindest unser eigenes Pfeifen abhält, schweigen wir.**

but her auditorium does not whistle, it is as quiet as a mouse, as if we had become partakers of the longed-for peace from which at least our own whistling keeps us silent.

6.5 **Ist es ihr Gesang, der uns entzückt oder nicht vielmehr die feierliche Stille, von der das schwache Stimmchen umgeben ist?**

Is it their song that delights us or is it rather the solemn silence that surrounds the faint voice?

6.6 **Einmal geschah es, daß irgendein törichtes kleines Ding während Josefinens Gesang in aller Unschuld auch zu pfeifen anfing.**

Once it happened that some foolish little thing began to whistle in all innocence during Josephine's singing.

6.7 **Nun, es war ganz dasselbe, was wir auch von Josefine hörten;**

Well, it was quite the same as what we heard from Josefine;

6.8 **dort vorne das trotz aller Routine immer noch schüchterne Pfeifen und hier im Publikum das selbstvergessene kindliche Gepfeife;**

there in front the still shy whistling in spite of all the routine and here in the audience the childish whistling;

den Unterschied zu bezeichnen, wäre unmöglich   6.9
gewesen;

it would have been impossible to describe the difference;

aber doch zischten und pfiffen wir gleich die Störerin   6.10
nieder, trotzdem es gar nicht nötig gewesen wäre,
denn sie hätte sich gewiß auch sonst in Angst
und Scham verkrochen, während Josefine ihr
Triumphpfeifen anstimmte und ganz außer sich
war mit ihren ausgespreizten Armen und dem gar
nicht mehr höher dehnbaren Hals.

but nevertheless we immediately hissed and whistled down
the disturber, although it would not have been necessary at
all, for she would certainly otherwise have cowered in fear
and shame, while Josefine intoned her triumphal whistle
and was quite beside herself with her arms spread out and
her neck no longer stretching any higher.

So ist sie übrigens immer, jede Kleinigkeit,   7.1
jeden Zufall, jede Widerspenstigkeit, ein
Knacken im Parkett, ein Zähneknirschen, eine
Beleuchtungsstörung hält sie für geeignet, die
Wirkung ihres Gesanges zu erhöhen; sie singt
ja ihrer Meinung nach vor tauben Ohren; an
Begeisterung und Beifall fehlt es nicht, aber auf
wirkliches Verständnis, wie sie es meint, hat sie
längst verzichten gelernt.

Incidentally, she is always like this; she considers every
little thing, every coincidence, every stubbornness, a
crack in the parquet, a gnashing of teeth, a disturbance in
the lighting to be suitable for increasing the effect of her
singing; in her opinion, she sings to deaf ears; there is no
lack of enthusiasm and applause, but she has long since
learned to do without real understanding, as she believes.

Da kommen ihr denn alle Störungen sehr gelegen;   7.2

All disturbances are very convenient for her;

7.3 alles, was sich von außen her der Reinheit ihres Gesanges entgegenstellt, in leichtem Kampf, ja ohne Kampf, bloß durch die Gegenüberstellung besiegt wird, kann dazu beitragen, die Menge zu erwecken, sie zwar nicht Verständnis, aber ahnungsvollen Respekt zu lehren.

everything that opposes the purity of her singing from the outside, that is defeated in an easy fight, even without a fight, merely through confrontation, can help to awaken the crowd, to teach them not understanding, but foreboding respect.

8.1 Wenn ihr aber nun das Kleine so dient, wie erst das Große.

But if the small serves her as much as the great.

8.2 Unser Leben ist sehr unruhig, jeder Tag bringt Überraschungen, Beängstigungen, Hoffnungen und Schrecken, daß der Einzelne unmöglich dies alles ertragen könnte, hätte er nicht jederzeit bei Tag und Nacht den Rückhalt der Genossen;

Our life is very restless, every day brings surprises, fears, hopes and horrors, so that it would be impossible for the individual to bear it all if he did not have the support of his comrades day and night;

8.3 aber selbst so wird es oft recht schwer;

but even so, it often becomes quite difficult;

8.4 manchmal zittern selbst tausend Schultern unter der Last, die eigentlich nur für einen bestimmt war.

sometimes even a thousand shoulders tremble under the burden that was really only meant for one.

8.5 Dann hält Josefine ihre Zeit für gekommen.

Then Josefine thinks her time has come.

Schon steht sie da, das zarte Wesen, besonders   8.6
unterhalb der Brust beängstigend vibrierend, es ist,
als hätte sie alle ihre Kraft im Gesang versammelt, als
sei allem an ihr, was nicht dem Gesange unmittelbar
diene, jede Kraft, fast jede Lebensmöglichkeit
entzogen, als sei sie entblößt, preisgegeben, nur
dem Schutze guter Geister überantwortet, als könne
sie, während sie so, sich völlig entzogen, im Gesange
wohnt, ein kalter Hauch im Vorüberwehn töten.

She is already standing there, the delicate creature,
vibrating frighteningly, especially below the breast; it is as
if she had gathered all her strength in song, as if everything
about her that does not directly serve the song had been
drained of all strength, almost all possibility of life, as if
she were exposed, abandoned, left only to the protection of
good spirits, as if a cold breath could kill her as she dwells
in song, completely withdrawn from herself.

Aber gerade bei solchem Anblick pflegen wir   8.7
angeblichen Gegner uns zu sagen:

But it is precisely at such a sight that we supposed
opponents tend to say to ourselves:

»Sie kann nicht einmal pfeifen;   8.8

"She can't even whistle;

so entsetzlich muß sie sich anstrengen, um nicht   8.9
Gesang –

she has to exert herself so terribly not to sing –

reden wir nicht von Gesang –   8.10

let's not talk about singing –

aber um das landesübliche Pfeifen einigermaßen sich   8.11
abzuzwingen.«

but to force out the usual whistling to some extent."

8.12 So scheint es uns, doch ist dies, wie erwähnt, ein zwar unvermeidlicher, aber flüchtiger, schnell vorübergehender Eindruck.

So it seems to us, but this is, as mentioned, an unavoidable but fleeting and quickly passing impression.

8.13 Schon tauchen auch wir in das Gefühl der Menge, die warm, Leib an Leib, scheu atmend horcht.

We are already immersed in the feeling of the crowd, warm, body to body, listening shyly.

9.1 Und um diese Menge unseres fast immer in Bewegung befindlichen, wegen oft nicht sehr klarer Zwecke hin - und herschießenden Volkes um sich zu versammeln, muß Josefine meist nichts anderes tun, als mit zurückgelegtem Köpfchen, halboffenem Mund, der Höhe zugewandten Augen jene Stellung einzunehmen, die darauf hindeutet, daß sie zu singen beabsichtigt.

And in order to gather this crowd of our people, who are almost always on the move and often dart back and forth for purposes that are not very clear, Josefine usually has to do nothing more than take up the position that indicates that she intends to sing, with her head back, her mouth half-open and her eyes turned upwards.

9.2 Sie kann dies tun, wo sie will, es muß kein weithin sichtbarer Platz sein, irgendein verborgener, in zufälliger Augenblickslaune gewählter Winkel ist ebensogut brauchbar.

She can do this wherever she wants, it doesn't have to be a place visible from afar, some hidden corner chosen at random on a whim is just as useful.

Die Nachricht, daß sie singen will, verbreitet sich 9.3
gleich, und bald zieht es in Prozessionen hin.

The news that she wants to sing spreads immediately, and
soon there are processions.

Nun, manchmal treten doch Hindernisse ein, 9.4
Josefine singt mit Vorliebe gerade in aufgeregten
Zeiten, vielfache Sorgen und Nöte zwingen uns
dann zu vielerlei Wegen, man kann sich beim besten
Willen nicht so schnell versammeln, wie es Josefine
wünscht, und sie steht dort diesmal in ihrer großen
Haltung vielleicht eine Zeit lang ohne genügende
Hörerzahl –

Well, sometimes obstacles do arise, Josefine prefers to sing
in times of excitement, multiple worries and hardships
force us to go many different ways, we can't gather as
quickly as Josefine would like, and this time she stands
there in her tall posture perhaps for a while without a
sufficient number of listeners –

dann freilich wird sie wütend, dann stampft sie mit 9.5
den Füßen, flucht ganz unmädchenhaft, ja sie beißt
sogar.

then of course she gets angry, then she stamps her feet,
swears quite un-girlishly, even bites.

Aber selbst ein solches Verhalten schadet ihrem Rufe 9.6
nicht;

But even such behavior does not harm her reputation;

statt ihre übergroßen Ansprüche ein wenig 9.7
einzudämmen, strengt man sich an, ihnen zu
entsprechen;

instead of curbing her excessive demands a little, efforts
are made to meet them;

9.8 es werden Boten ausgeschickt, um Hörer herbeizuholen;

messengers are sent out to fetch listeners;

9.9 es wird vor ihr geheim gehalten, daß das geschieht;

it is kept secret from her that this is happening;

9.10 man sieht dann auf den Wegen im Umkreis Posten aufgestellt, die den Herankommenden zuwinken, sie möchten sich beeilen;

posts are then posted on the paths in the vicinity, waving to those approaching to hurry up;

9.11 dies alles so lange, bis dann schließlich doch eine leidliche Anzahl beisammen ist.

all this until a reasonable number is finally gathered.

10.1 Was treibt das Volk dazu, sich für Josefine so zu bemühen?

What drives the people to go to such lengths for Josefine?

10.2 Eine Frage, nicht leichter zu beantworten als die nach Josefinens Gesang, mit der sie ja auch zusammenhängt.

A question no easier to answer than the one about Josephine's singing, with which it is also connected.

10.3 Man könnte sie streichen und gänzlich mit der zweiten Frage vereinigen, wenn sich etwa behaupten ließe, daß das Volk wegen des Gesanges Josefine bedingungslos ergeben ist.

It could be deleted and completely combined with the second question if it could be argued that the people are unconditionally devoted to Josephine because of her singing.

Dies ist aber eben nicht der Fall;   10.4

But this is not the case;

bedingungslose Ergebenheit kennt unser Volk kaum;   10.5

our people hardly know unconditional devotion;

dieses Volk, das über alles die freilich harmlose   10.6
Schlauheit liebt, das kindliche Wispern, den freilich
unschuldigen, bloß die Lippen bewegenden Tratsch,
ein solches Volk kann immerhin nicht bedingungslos
sich hingeben, das fühlt wohl auch Josefine, das ist
es, was sie bekämpft mit aller Anstrengung ihrer
schwachen Kehle.

this people, who love above all things the admittedly
harmless slyness, the childish whispering, the admittedly
innocent gossip that merely moves the lips, such a people
cannot after all give themselves unconditionally, Josefine
probably feels that too, that is what she fights against with
all the effort of her weak throat.

Nur darf man freilich bei solchen allgemeinen   11.1
Urteilen nicht zu weit gehn, das Volk ist Josefine
doch ergeben, nur nicht bedingungslos.

However, one must not go too far with such general
judgments, the people are still devoted to Josefine, just
not unconditionally.

Es wäre z. B. nicht fähig, über Josefine zu lachen.   11.2

For example, they would not be able to laugh at Josefine.

Man kann es sich eingestehn: 11.3

You can admit it to yourself:

an Josefine fordert manches zum Lachen auf;   11.4

there are many things about Josefine that invite laughter;

11.5 **und an und für sich ist uns das Lachen immer nah;**
and in and of itself, laughter is always close to us;

11.6 **trotz allem Jammer unseres Lebens ist ein leises Lachen bei uns gewissermaßen immer zu Hause;**
despite all the misery of our lives, a quiet laugh is always at home with us, so to speak;

11.7 **aber über Josefine lachen wir nicht.**
but we don't laugh at Josefine.

11.8 **Manchmal habe ich den Eindruck, das Volk fasse sein Verhältnis zu Josefine derart auf, daß sie, dieses zerbrechliche, schonungsbedürftige, irgendwie ausgezeichnete, ihrer Meinung nach durch Gesang ausgezeichnete Wesen ihm anvertraut sei und es müsse für sie sorgen;**
Sometimes I have the impression that the people see their relationship with Josefine in such a way that she, this fragile, delicate, somehow excellent being, who in their opinion is distinguished by her singing, is entrusted to them and they must take care of her;

11.9 **der Grund dessen ist niemandem klar,**
the reason for this is not clear to anyone,

11.10 **nur die Tatsache scheint festzustehn.**
only the fact seems to be established.

11.11 **Über das aber, was einem anvertraut ist, lacht man nicht;**
But one does not laugh at what is entrusted to one's care;

11.12 **darüber zu lachen, wäre Pflichtverletzung;**
to laugh at it would be a breach of duty;

es ist das Äußerste an Boshaftigkeit, was die
Boshaftesten unter uns Josefine zufügen, wenn sie
manchmal sagen:

11.13

it is the utmost malice that the most malicious among us
inflict on Josephine when they sometimes say:

»Das Lachen vergeht uns, wenn wir Josefine sehn.«

11.14

"We lose our laughter when we see Josephine."

So sorgt also das Volk für Josefine in der Art eines
Vaters, der sich eines Kindes annimmt, das sein
Händchen – man weiß nicht recht, ob bittend oder
fordernd – nach ihm ausstreckt.

12.1

So the people care for Josephine in the manner of a father
who takes care of a child who stretches out his little hand
towards him - one does not quite know whether pleadingly
or demandingly.

Man sollte meinen, unser Volk tauge nicht zur
Erfüllung solcher väterlicher Pflichten, aber in
Wirklichkeit versieht es sie, wenigstens in diesem
Falle, musterhaft;

12.2

One might think that our people are not fit to fulfill such
paternal duties, but in reality, at least in this case, they
perform them in an exemplary manner;

kein Einzelner könnte es, was in dieser Hinsicht das
Volk als Ganzes zu tun imstande ist.

12.3

no individual could do what the people as a whole are
capable of doing in this respect.

12.4 Freilich, der Kraftunterschied zwischen dem Volk und dem Einzelnen ist so ungeheuer, es genügt, daß es den Schützling in die Wärme seiner Nähe zieht, und er ist beschützt genug.

Of course, the difference in strength between the people and the individual is so immense that it is enough to draw the protégé into the warmth of its proximity and he is protected enough.

12.5 Zu Josefine wagt man allerdings von solchen Dingen nicht zu reden.

But one dare not speak of such things to Josephine.

12.6 »Ich pfeife auf eueren Schutz«, sagt sie dann.

"I don't care about your protection", she says.

12.7 »Ja, ja, du pfeifst«, denken wir.

"Yes, yes, you don't care", we think.

12.8 Und außerdem ist es wahrhaftig keine Widerlegung, wenn sie rebelliert, vielmehr ist das durchaus Kindesart und Kindesdankbarkeit, und Art des Vaters ist es, sich nicht daran zu kehren.

And what's more, it's really not a rebuttal when she rebels, rather it's childlike and childlike gratitude, and it's the father's way of not turning back.

13.1 Nun spricht aber doch noch anderes mit herein,

However,

13.2 das schwerer aus diesem Verhältnis zwischen Volk und Josefine zu erklären ist.

there is something else involved that is more difficult to explain in this relationship between the people and Josefine.

Josefine ist der gegenteiligen Meinung, sie glaubt, sie sei es, die das Volk beschütze.   13.3

Josefine is of the opposite opinion, she believes that it is she who protects the people.

Aus schlimmer politischer oder wirtschaftlicher Lage rettet uns angeblich ihr Gesang, nichts weniger als das bringt er zuwege, und wenn er das Unglück nicht vertreibt, so gibt er uns wenigstens die Kraft, es zu ertragen.   13.4

Her singing supposedly saves us from bad political or economic situations, it does nothing less than that, and if it doesn't dispel the misfortune, it at least gives us the strength to bear it.

Sie spricht es nicht so aus und auch nicht anders, sie spricht überhaupt wenig, sie ist schweigsam unter den Plappermäulern, aber aus ihren Augen blitzt es, von ihrem geschlossenen Mund –   13.5

She doesn't say it like that and she doesn't say it any other way, she doesn't speak much at all, she is silent among the chatterboxes, but it flashes from her eyes, from her closed mouth –

bei uns können nur wenige den Mund geschlossen halten,   13.6

few of us can keep our mouths closed,

sie kann es – ist es abzulesen.   13.7

she can – it can be read.

Bei jeder schlechten Nachricht –   13.8

With every piece of bad news –

und an manchen Tagen überrennen sie einander,   13.9

and on some days they overrun each other,

172

13.10 falsche und halbrichtige darunter –

false and half-true among them –

13.11 erhebt sie sich sofort, während es sie sonst müde zu Boden zieht, erhebt sich und streckt den Hals und sucht den Überblick über ihre Herde wie der Hirt vor dem Gewitter.

she rises immediately, whereas otherwise it drags her wearily to the ground, rises and stretches her neck and seeks an overview of her flock like a shepherd before a thunderstorm.

13.12 Gewiß, auch Kinder stellen ähnliche Forderungen in ihrer wilden, unbeherrschten Art, aber bei Josefine sind sie doch nicht so unbegründet wie bei jenen.

Of course, children also make similar demands in their wild, unrestrained way, but in Josefine's case they are not as unfounded as in theirs.

13.13 Freilich, sie rettet uns nicht und gibt uns keine Kräfte, es ist leicht, sich als Retter dieses Volkes aufzuspielen, das leidensgewohnt, sich nicht schonend, schnell in Entschlüssen, den Tod wohl kennend, nur dem Anscheine nach ängstlich in der Atmosphäre von Tollkühnheit, in der es ständig lebt, und überdies ebenso fruchtbar wie wagemutig –

Admittedly, she does not save us and does not give us any strength; it is easy to pose as the savior of this people, who are accustomed to suffering, do not spare themselves, are quick in their decisions, know death well, are only apparently fearful in the atmosphere of foolhardiness in which they constantly live, and, moreover, as fertile as it is daring –

es ist leicht, sage ich, sich nachträglich als Retter
dieses Volkes aufzuspielen, das sich noch immer
irgendwie selbst gerettet hat, sei es auch unter
Opfern, über die der Geschichtsforscher –
13.14

it is easy, I say, to pose retrospectively as the savior of this
people, which has still somehow saved itself, even if at
sacrifices at which the historian –

im allgemeinen vernachlässigen wir
Geschichtsforschung gänzlich –
13.15

we generally neglect historical research altogether –

vor Schrecken erstarrt.
13.16

freezes in horror.

Und doch ist es wahr,
13.17

And yet it is true that we listen to Josephine's voice even
better than usual,

daß wir gerade in Notlagen noch besser als sonst auf
Josefinens Stimme horchen.
13.18

especially in times of emergency.

Die Drohungen, die über uns stehen, machen uns
stiller, bescheidener, für Josefinens Befehlshaberei
gefügiger;
13.19

The threats that loom over us make us quieter, more
modest, more docile to Josephine's command;

gern kommen wir zusammen, gern drängen wir
uns aneinander, besonders weil es bei einem Anlaß
geschieht, der ganz abseits liegt von der quälenden
Hauptsache;
13.20

we like to come together, we like to huddle together,
especially because it happens on an occasion that is quite
apart from the agonizing main thing;

13.21 es ist, als tränken wir noch schnell –

it is as if we were quickly –

13.22 ja, Eile ist nötig, das vergißt Josefine allzuoft –

yes, haste is necessary, Josephine forgets that all too often –

13.23 gemeinsam einen Becher des Friedens vor dem Kampf.

drinking a cup of peace together before the battle.

13.24 Es ist nicht so sehr eine Gesangsvorführung als vielmehr eine Volksversammlung, und zwar eine Versammlung, bei der es bis auf das kleine Pfeifen vorne völlig still ist;

It is not so much a singing performance as a gathering of the people, a gathering in which it is completely silent except for the little whistle at the front;

13.25 viel zu ernst ist die Stunde, als daß man sie verschwätzen wollte.

the hour is far too serious to be wasted.

14.1 Ein solches Verhältnis könnte nun freilich Josefine gar nicht befriedigen.

Of course, such a relationship could not satisfy Josefine at all.

Trotz all ihres nervösen Mißbehagens, welches 14.2
Josefine wegen ihrer niemals ganz geklärten
Stellung erfüllt, sieht sie doch, verblendet von
ihrem Selbstbewußtsein, manches nicht und kann
ohne große Anstrengung dazu gebracht werden,
noch viel mehr zu übersehen, ein Schwarm von
Schmeichlern ist in diesem Sinne, also eigentlich
in einem allgemein nützlichen Sinne, immerfort
tätig, –

In spite of all her nervous uneasiness, which fills Josefine
because of her never quite clear position, she still, blinded
by her self-confidence, does not see many things and can
be made to overlook many more without much effort, a
swarm of flatterers is always active in this sense, that is,
actually in a generally useful sense, –

aber nur nebenbei, unbeachtet, im Winkel einer 14.3
Volksversammlung zu singen, dafür würde sie,
trotzdem es an sich gar nicht wenig wäre, ihren
Gesang gewiß nicht opfern.

but to sing only incidentally, unnoticed, in the corner of a
popular assembly, for this she would certainly not sacrifice
her singing, although it would not be little in itself.

Aber sie muß es auch nicht, 15.1
But she doesn't have to,

denn ihre Kunst bleibt nicht unbeachtet. 15.2
because her art doesn't go unnoticed.

15.3 Trotzdem wir im Grunde mit ganz anderen Dingen beschäftigt sind und die Stille durchaus nicht nur dem Gesange zuliebe herrscht und mancher gar nicht aufschaut, sondern das Gesicht in den Pelz des Nachbars drückt und Josefine also dort oben sich vergeblich abzumühen scheint, dringt doch – das ist nicht zu leugnen – etwas von ihrem Pfeifen unweigerlich auch zu uns.

Even though we are basically busy with completely different things and the silence does not only prevail for the sake of the singing and some people do not even look up but press their faces into the fur of their neighbors and Josefine seems to struggle in vain up there, something of her whistling inevitably reaches us - that cannot be denied.

15.4 Dieses Pfeifen, das sich erhebt, wo allen anderen Schweigen auferlegt ist, kommt fast wie eine Botschaft des Volkes zu dem einzelnen;

This whistling, which rises up where all others are forced into silence, comes to the individual almost like a message from the people;

15.5 das dünne Pfeifen Josefinens mitten in den schweren Entscheidungen ist fast wie die armselige Existenz unseres Volkes mitten im Tumult der feindlichen Welt.

the thin whistle of Josefine in the midst of difficult decisions is almost like the miserable existence of our people in the midst of the turmoil of the hostile world.

15.6 Josefine behauptet sich, dieses Nichts an Stimme, dieses Nichts an Leistung behauptet sich und schafft sich den Weg zu uns, es tut wohl, daran zu denken.

Josefine asserts herself, this nothingness of voice, this nothingness of performance asserts itself and makes its way to us, it is good to think of it.

Einen wirklichen Gesangskünstler, wenn einer einmal sich unter uns finden sollte, würden wir in solcher Zeit gewiß nicht ertragen und die Unsinnigkeit einer solchen Vorführung einmütig abweisen. 15.7

A real vocal artist, if one should ever be found among us, would certainly not be tolerated at such a time and we would unanimously reject the absurdity of such a performance.

Möge Josefine beschützt werden vor der Erkenntnis, daß die Tatsache, daß wir ihr zuhören, ein Beweis gegen ihren Gesang ist. 15.8

May Josephine be protected from the realization that the fact that we are listening to her is evidence against her singing.

Eine Ahnung dessen hat sie wohl, warum würde sie sonst so leidenschaftlich leugnen, daß wir ihr zuhören, aber immer wieder singt sie, pfeift sie sich über diese Ahnung hinweg. 15.9

She probably has an inkling of this, otherwise why would she so passionately deny that we are listening to her, but again and again she sings, she whistles her way past this inkling.

Aber es gäbe auch sonst noch immer einen Trost für sie: 16.1

But there is still one other consolation for her:

wir hören ihr doch auch gewissermaßen wirklich zu, wahrscheinlich ähnlich, wie man einem Gesangskünstler zuhört; 16.2

we really do listen to her to a certain extent, probably in the same way that we listen to a singer;

178

16.3 sie erreicht Wirkungen, die ein Gesangskünstler vergeblich bei uns anstreben würde und die nur gerade ihren unzureichenden Mitteln verliehen sind.

she achieves effects that a singer would strive for in vain and which are only due to her inadequate resources.

16.4 Dies hängt wohl hauptsächlich mit unserer Lebensweise zusammen.

This is probably mainly due to our way of life.

17.1 In unserem Volke kennt man keine Jugend,

In our nation there is no youth,

17.2 kaum eine winzige Kinderzeit.

hardly any childhood.

17.3 Es treten zwar regelmäßig Forderungen auf, man möge den Kindern eine besondere Freiheit, eine besondere Schonung gewährleisten, ihr Recht auf ein wenig Sorglosigkeit, ein wenig sinnloses Sichherumtummeln, auf ein wenig Spiel, dieses Recht möge man anerkennen und ihm zur Erfüllung verhelfen;

Demands are regularly made that children should be granted a special freedom, a special protection, their right to a little carelessness, a little senseless frolicking, a little play, that this right should be recognized and helped to be fulfilled;

solche Forderungen treten auf und fast jedermann 17.4
billigt sie, es gibt nichts, was mehr zu billigen wäre,
aber es gibt auch nichts, was in der Wirklichkeit
unseres Lebens weniger zugestanden werden könnte,
man billigt die Forderungen, man macht Versuche in
ihrem Sinn, aber bald ist wieder alles beim alten.

such demands are made and almost everyone approves of
them, there is nothing more to be approved of, but there is
also nothing that could be granted less in the reality of our
lives, the demands are approved of, attempts are made in
their direction, but soon everything is back to normal.

Unser Leben ist eben derart, daß ein Kind, sobald 17.5
es nur ein wenig läuft und die Umwelt ein wenig
unterscheiden kann, ebenso für sich sorgen muß wie
ein Erwachsener;

Our life is just such that a child, as soon as it can walk a
little and distinguish its environment a little, must take
care of itself just as an adult must;

die Gebiete, auf denen wir aus wirtschaftlichen 17.6
Rücksichten zerstreut leben müssen, sind zu
groß, unserer Feinde sind zu viele, die uns überall
bereiteten Gefahren zu unberechenbar –

the areas in which we must live scattered for economic
reasons are too large, our enemies are too many,
the dangers prepared for us everywhere are too
unpredictable –

wir können die Kinder vom Existenzkampfe nicht 17.7
fernhalten, täten wir es, es wäre ihr vorzeitiges Ende.

we cannot keep the children away from the struggle for
existence, if we did it would be their premature end.

Zu diesen traurigen Gründen kommt freilich auch 17.8
ein erhebender:

In addition to these sad reasons, there is also an uplifting
one:

17.9 die Fruchtbarkeit unseres Stammes. Eine
Generation –
the fertility of our tribe. One generation –

17.10 und jede ist zahlreich –
and each is numerous –

17.11 drängt die andere, die Kinder haben nicht Zeit,
Kinder zu sein.
pushes the other, the children do not have time to be
children.

17.12 Mögen bei anderen Völkern die Kinder sorgfältig
gepflegt werden, mögen dort Schulen für die Kleinen
errichtet sein, mögen dort aus diesen Schulen täglich
die Kinder strömen, die Zukunft des Volkes, so sind
es doch immer lange Zeit Tag für Tag die gleichen
Kinder, die dort hervorkommen.
Other peoples may look after their children with care,
they may have schools for the little ones, and children, the
future of the people, may stream out of these schools every
day, but it is always the same children who come out day
after day for a long time.

Wir haben keine Schulen, aber aus unserem Volke 17.13
strömen in allerkürzesten Zwischenräumen die
unübersehbaren Scharen unserer Kinder, fröhlich
zischend oder piepsend, solange sie noch nicht
pfeifen können, sich wälzend oder kraft des Druckes
weiterrollend, solange sie noch nicht laufen können,
täppisch durch ihre Masse alles mit sich fortreißend,
solange sie noch nicht sehen können, unsere Kinder!
We have no schools, but from our people, in the shortest of
intervals, stream the unmistakable crowds of our children,
happily hissing or squeaking as long as they cannot yet
whistle, rolling or rolling on by virtue of the pressure as
long as they cannot yet walk, dragging everything with
them through their mass as long as they cannot yet see, our
children!

Und nicht wie in jenen Schulen die gleichen Kinder, 17.14
nein, immer, immer wieder neue, ohne Ende, ohne
Unterbrechung, kaum erscheint ein Kind, ist es nicht
mehr Kind, aber schon drängen hinter ihm die neuen
Kindergesichter ununterscheidbar in ihrer Menge
und Eile, rosig vor Glück.
And not the same children as in those schools, no, always,
always new ones, without end, without interruption,
as soon as a child appears, it is no longer a child, but
already the new children's faces are pressing behind it,
indistinguishable in their crowd and haste, rosy with
happiness.

Freilich, wie schön dies auch sein mag und wie sehr 17.15
uns andere darum auch mit Recht beneiden mögen,
eine wirkliche Kinderzeit können wir eben unseren
Kindern nicht geben.
Of course, however beautiful this may be and however
much others may rightly envy us for it, we cannot give our
children a real childhood.

17.16 **Und das hat seine Folgewirkungen. Eine gewisse unerstorbene,**

And that has its consequences. A certain undying,

17.17 **unausrottbare Kindlichkeit durchdringt unser Volk;**

ineradicable childishness pervades our people;

17.18 **im geraden Widerspruch zu unserem Besten, dem untrüglichen praktischen Verstande, handeln wir manchmal ganz und gar töricht, und zwar eben in der Art, wie Kinder töricht handeln, sinnlos, verschwenderisch, großzügig, leichtsinnig und dies alles oft einem kleinen Spaß zuliebe.**

in direct contradiction to our best, infallible practical sense, we sometimes act quite foolishly, in the way that children act foolishly, senselessly, wastefully, generously, recklessly and often for the sake of a little fun.

17.19 **Und wenn unsere Freude darüber natürlich nicht mehr die volle Kraft der Kinderfreude haben kann,**

And even if our joy at this can of course no longer have the full force of children's joy,

17.20 **etwas von dieser lebt darin noch gewiß.**

something of it certainly still lives in it.

17.21 **Von dieser Kindlichkeit unseres Volkes profitiert seit jeher auch Josefine.**

Josefine has always benefited from this childishness of our people.

18.1 **Aber unser Volk ist nicht nur kindlich, es ist gewissermaßen auch vorzeitig alt, Kindheit und Alter machen sich bei uns anders als bei anderen.**

But our people are not only childlike, they are also prematurely old to a certain extent, childhood and old age are different for us than for others.

Wir haben keine Jugend, wir sind gleich Erwachsene, und Erwachsene sind wir dann zu lange, eine gewisse Müdigkeit und Hoffnungslosigkeit durchzieht von da aus mit breiter Spur das im ganzen doch so zähe und hoffnungsstarke Wesen unseres Volkes. 18.2

We have no youth, we are adults, and we have been adults for too long; a certain weariness and hopelessness pervades the generally tough and hopeful nature of our people.

Damit hängt wohl auch unsere Unmusikalität zusammen; 18.3

Our unmusicality is probably also connected with this;

wir sind zu alt für Musik, ihre Erregung, ihr Aufschwung paßt nicht für unsere Schwere, müde winken wir ihr ab; 18.4

we are too old for music, its excitement, its upswing does not suit our heaviness, we wearily wave it off;

wir haben uns auf das Pfeifen zurückgezogen; 18.5

we have retreated to whistling;

ein wenig Pfeifen hie und da, 18.6

a little whistling here and there,

das ist das Richtige für uns. 18.7

that is the right thing for us.

Wer weiß, ob es nicht Musiktalente unter uns gibt; 18.8

Who knows whether there are any musical talents among us;

wenn es sie aber gäbe, 18.9

but if there were,

18.10 **der Charakter der Volksgenossen müßte sie noch vor ihrer Entfaltung unterdrücken.**
the character of the people would have to suppress them before they could develop.

18.11 **Dagegen mag Josefine nach ihrem Belieben pfeifen oder singen oder wie sie es nennen will, das stört uns nicht, das entspricht uns, das können wir wohl vertragen;**
On the other hand, Josephine may whistle or sing or whatever she likes to call it, that does not bother us, that suits us, we can tolerate it;

18.12 **wenn darin etwas von Musik enthalten sein sollte,**
if there is any music in it,

18.13 **so ist es auf die möglichste Nichtigkeit reduziert;**
it is reduced to the most insignificant possible;

18.14 **eine gewisse Musiktradition wird gewahrt,**
a certain musical tradition is preserved,

18.15 **aber ohne daß uns dies im geringsten beschweren würde.**
but without this bothering us in the least.

19.1 **Aber Josefine bringt diesem so gestimmten Volke noch mehr.**
But Josefine brings even more to this tuned people.

Bei ihren Konzerten, besonders in ernster Zeit, 19.2
haben nur noch die ganz Jungen Interesse an der
Sängerin als solcher, nur sie sehen mit Staunen zu,
wie sie ihre Lippen kräuselt, zwischen den niedlichen
Vorderzähnen die Luft ausstößt, in Bewunderung der
Töne, die sie selbst hervorbringt, erstirbt und dieses
Hinsinken benützt, um sich zu neuer, ihr immer
unverständlicher werdender Leistung anzufeuern,
aber die eigentliche Menge hat sich –

At her concerts, especially in serious times, only the very
young are still interested in the singer as such, only they
watch in amazement as she curls her lips, exhales the air
between her cute front teeth, dies in admiration of the
sounds she produces herself and uses this sinking down
to spur herself on to new performances that are becoming
increasingly incomprehensible to her, but the actual crowd
has –

das ist deutlich zu erkennen – auf sich selbst 19.3
zurückgezogen.

this is clearly recognizable – withdrawn into itself.

Hier in den dürftigen Pausen zwischen den Kämpfen 19.4
träumt das Volk, es ist, als lösten sich dem Einzelnen
die Glieder, als dürfte sich der Ruhelose einmal
nach seiner Lust im großen warmen Bett des Volkes
dehnen und strecken.

Here, in the meagre pauses between the battles, the people
dream, as if the individual's limbs were loosening, as if the
restless could stretch and stretch out for once in the great
warm bed of the people.

Und in diese Träume klingt hie und da Josefinens 19.5
Pfeifen;

And into these dreams Josefinen's whistle sounds here and
there;

19.6   sie nennt es perlend, wir nennen es stoßend;

she calls it sparkling, we call it bumping;

19.7   aber jedenfalls ist es hier an seinem Platze, wie nirgends sonst, wie Musik kaum jemals den auf sie wartenden Augenblick findet.

but at any rate it is in its place here as nowhere else, as music hardly ever finds the moment waiting for it.

19.8   Etwas von der armen kurzen Kindheit ist darin, etwas von verlorenem, nie wieder aufzufindendem Glück, aber auch etwas vom tätigen heutigen Leben ist darin, von seiner kleinen, unbegreiflichen und dennoch bestehenden und nicht zu ertötenden Munterkeit.

There is something of the poor short childhood in it, something of lost happiness that can never be found again, but there is also something of today's active life in it, of its small, incomprehensible and yet persistent and unquenchable liveliness.

19.9   Und dies alles ist wahrhaftig nicht mit großen Tönen gesagt, sondern leicht, flüsternd, vertraulich, manchmal ein wenig heiser.

And all this is truly not said in grand tones, but lightly, whisperingly, confidentially, sometimes a little hoarsely.

19.10   Natürlich ist es ein Pfeifen. Wie denn nicht?

Of course it is a whistle. How could it not be?

19.11   Pfeifen ist die Sprache unseres Volkes,

Whistling is the language of our people,

19.12   nur pfeift mancher sein Leben lang und weiß es nicht;

only some people whistle all their lives and don't know it;

hier aber ist das Pfeifen freigemacht von den Fesseln des täglichen Lebens und befreit auch uns für eine kurze Weile.

19.13

here, however, whistling is freed from the shackles of daily life and liberates us for a short while.

Gewiß, diese Vorführungen wollten wir nicht missen.

19.14

Certainly, we would not want to miss these performances.

Aber von da bis zu Josefinens Behauptung, sie gebe uns in solchen Zeiten neue Kräfte usw. usw., ist noch ein sehr weiter Weg.

20.1

But there is still a very long way to go from there to Josephine's claim that she gives us new strength in such times, etc. etc.

Für gewöhnliche Leute allerdings, nicht für Josefinens Schmeichler.

20.2

For ordinary people, however, not for Josephine's flatterers.

»Wie könnte es anders sein«

20.3

"How could it be otherwise"

– sagen sie in recht unbefangener Keckheit –

20.4

– they say with quite unabashed cheekiness –

»wie könnte man anders den großen Zulauf, besonders unter unmittelbar drängender Gefahr, erklären, der schon manchmal sogar die genügende, rechtzeitige Abwehr eben dieser Gefahr verhindert hat.«

20.5

"how could one explain the great influx, especially under imminent danger, which has sometimes even prevented the sufficient, timely defense against this very danger."

20.6 Nun, dies letztere ist leider richtig, gehört aber doch nicht zu den Ruhmestiteln Josefinens, besonders wenn man hinzufügt, daß, wenn solche Versammlungen unerwartet vom Feind gesprengt wurden, und mancher der unserigen dabei sein Leben lassen mußte, Josefine, die alles verschuldet, ja, durch ihr Pfeifen den Feind vielleicht angelockt hatte, immer im Besitz des sichersten Plätzchens war und unter dem Schutze ihres Anhanges sehr still und eiligst als erste verschwand.

Well, this last is unfortunately true, but it is not one of Josephine's glories, especially when one adds that when such gatherings were unexpectedly blown up by the enemy, and some of our own had to lose their lives, Josephine, who was to blame for everything, indeed, who had perhaps attracted the enemy by her whistling, was always in possession of the safest place and was the first to disappear very quietly and hastily under the protection of her followers.

20.7 Aber auch dieses wissen im Grunde alle, und dennoch eilen sie wieder hin, wenn Josefine nächstens nach ihrem Belieben irgendwo, irgendwann zum Gesange sich erhebt.

But they all know this too, and yet they hurry back when Josephine rises to sing somewhere, at any time, as she pleases.

20.8 Daraus könnte man schließen, daß Josefine fast außerhalb des Gesetzes steht, daß sie tun darf, was sie will, selbst wenn es die Gesamtheit gefährdet, und daß ihr alles verziehen wird.

From this one could conclude that Josephine is almost outside the law, that she is allowed to do what she wants, even if it endangers the whole, and that everything is forgiven her.

Wenn dies so wäre, dann wären auch Josefinens   20.9
Ansprüche völlig verständlich, ja, man könnte
gewissermaßen in dieser Freiheit, die ihr das
Volk geben würde, in diesem außerordentlichen,
niemand sonst gewährten, die Gesetze eigentlich
widerlegenden Geschenk ein Eingeständnis dessen
sehen, daß das Volk Josefine, wie sie es behauptet,
nicht versteht, ohnmächtig ihre Kunst anstaunt,
sich ihrer nicht würdig fühlt, dieses Leid, daß
es Josefine tut, durch eine geradezu verzweifelte
Leistung auszugleichen strebt und, so wie ihre Kunst
außerhalb seines Fassungsvermögens ist, auch
ihre Person und deren Wünsche außerhalb seiner
Befehlsgewalt stellt.

If this were so, then Josefine's claims would also be
completely understandable, indeed, one could see in
this freedom that the people would give her, in this
extraordinary gift granted to no one else, which actually
refutes the laws, an admission that the people do not
understand Josefine, as she claims, does not understand
Josefine, impotently marvels at her art, does not feel
worthy of her, strives to compensate for this suffering
that Josefine does by an almost desperate performance and,
just as her art is beyond their comprehension, also places
her person and her wishes beyond their command.

Nun, das ist allerdings ganz und gar nicht richtig,   20.10
vielleicht kapituliert im einzelnen das Volk zu
schnell vor Josefine, aber wie es bedingungslos vor
niemandem kapituliert, also auch nicht vor ihr.

Well, that is not at all correct, perhaps the people capitulate
too quickly to Josefine in particular, but just as they do
not capitulate unconditionally to anyone, so they do not
capitulate to her either.

21.1 Schon seit langer Zeit, vielleicht schon seit Beginn ihrer Künstlerlaufbahn, kämpft Josefine darum, daß sie mit Rücksicht auf ihren Gesang von jeder Arbeit befreit werde;

For a long time, perhaps since the beginning of her career as an artist, Josefine has been fighting for her to be freed from all work in consideration of her singing;

21.2 man solle ihr also die Sorge um das tägliche Brot und alles, was sonst mit unserem Existenzkampf verbunden ist, abnehmen und es –

in other words, she should be relieved of the worry about her daily bread and everything else that is connected with our struggle for existence and –

21.3 wahrscheinlich – auf das Volk als Ganzes überwälzen.

probably – it should be passed on to the people as a whole.

21.4 Ein schnell Begeisterter – es fanden sich auch solche –

A quick enthusiast – and there were some –

21.5 könnte schon allein aus der Sonderbarkeit dieser Forderung, aus der Geistesverfassung, die eine solche Forderung auszudenken imstande ist, auf deren innere Berechtigung schließen.

could conclude from the peculiarity of this demand alone, from the state of mind that is capable of conceiving such a demand, that it is intrinsically justified.

21.6 Unser Volk zieht aber andere Schlüsse, und lehnt ruhig die Forderung ab.

Our people, however, draw other conclusions and calmly reject the demand.

21.7 Es müht sich auch mit der Widerlegung der Gesuchsbegründung nicht sehr ab.

Nor do they make much effort to refute the reasons for the request.

Josefine weist z. B. darauf hin,

21.8

Josefine points out,

daß die Anstrengung bei der Arbeit ihrer Stimme schade,

21.9

for example,

daß zwar die Anstrengung bei der Arbeit gering sei im Vergleich zu jener beim Gesang,

21.10

that the strain of the work is damaging to her voice,

daß sie ihr aber doch die Möglichkeit nehme,

21.11

that although the strain of the work is small compared to that of the singing,

nach dem Gesang sich genügend auszuruhen und für neuen Gesang sich zu stärken,

21.12

it deprives her of the opportunity to rest sufficiently after singing and to strengthen herself for new singing,

sie müsse sich dabei gänzlich erschöpfen und könne trotzdem unter diesen Umständen ihre Höchstleistung niemals erreichen.

21.13

that she must exhaust herself completely and can never achieve her maximum performance under these circumstances.

Das Volk hört sie an und geht darüber hinweg.

21.14

The people listen to her and ignore her.

Dieses so leicht zu rührende Volk ist manchmal gar nicht zu rühren.

21.15

These people, who are so easily moved, are sometimes impossible to move.

21.16 Die Abweisung ist manchmal so hart, daß selbst Josefine stutzt, sie scheint sich zu fügen, arbeitet wie sichs gehört, singt so gut sie kann, aber das alles nur eine Weile, dann nimmt sie den Kampf mit neuen Kräften – dafür scheint sie unbeschränkt viele zu haben – wieder auf.

The rejection is sometimes so harsh that even Josefine is taken aback, she seems to give in, works as she should, sings as well as she can, but only for a while, then she takes up the fight again with new strength - for which she seems to have an unlimited amount.

22.1 Nun ist es ja klar, daß Josefine nicht eigentlich das anstrebt, was sie wörtlich verlangt.

Now, it is clear that Josephine does not actually aspire to what she literally demands.

22.2 Sie ist vernünftig, sie scheut die Arbeit nicht, wie ja Arbeitsscheu überhaupt bei uns unbekannt ist, sie würde auch nach Bewilligung ihrer Forderung gewiß nicht anders leben als früher, die Arbeit würde ihrem Gesang gar nicht im Wege stehn, und der Gesang allerdings würde auch nicht schöner werden –

She is sensible, she does not shy away from work, just as work-shyness is generally unknown among us, she would certainly not live any differently than before even if her demand were granted, the work would not stand in the way of her singing, and the singing would certainly not become more beautiful –

22.3 was sie anstrebt, ist also nur die öffentliche, eindeutige, die Zeiten überdauernde, über alles bisher Bekannte sich weit erhebende Anerkennung ihrer Kunst.

what she is striving for is therefore only the public, unambiguous, timeless recognition of her art, which rises far above everything known so far.

Während ihr aber fast alles andere erreichbar
scheint,

22.4

But while almost everything else seems within her reach,

versagt sich ihr dieses hartnäckig.

22.5

this is stubbornly denied to her.

Vielleicht hätte sie den Angriff gleich anfangs in
andere Richtung lenken sollen, vielleicht sieht
sie jetzt selbst den Fehler ein, aber nun kann sie
nicht mehr zurück, ein Zurückgehen hieße sich
selbst untreu werden, nun muß sie schon mit dieser
Forderung stehen oder fallen.

22.6

Perhaps she should have steered the attack in a different
direction right from the start, perhaps she now realizes the
mistake herself, but now she can no longer go back, going
back would mean being unfaithful to herself, now she must
stand or fall with this demand.

Hätte sie wirklich Feinde, wie sie sagt, sie könnten
diesem Kampfe, ohne selbst den Finger rühren zu
müssen, belustigt zusehen.

23.1

If she really had enemies, as she says, they could watch
this battle with amusement without having to lift a finger
themselves.

Aber sie hat keine Feinde, und selbst wenn mancher
hie und da Einwände gegen sie hat, dieser Kampf
belustigt niemanden.

23.2

But she has no enemies, and even if some people have
objections to her here and there, this fight amuses no one.

Schon deshalb nicht, weil sich hier das Volk in seiner
kalten richterlichen Haltung zeigt, wie man es sonst
bei uns nur sehr selten sieht.

23.3

If only because the people are showing their cold, judicial
attitude here, something that is rarely seen in our country.

23.4 Und wenn einer auch diese Haltung in diesem Falle billigen mag, so schließt doch die bloße Vorstellung, daß sich einmal das Volk ähnlich gegen ihn selbst verhalten könnte, jede Freude aus.

And even if someone may approve of this attitude in this case, the mere idea that the people could behave in a similar way against him excludes any joy.

23.5 Es handelt sich eben auch bei der Abweisung, ähnlich wie bei der Forderung, nicht um die Sache selbst, sondern darum, daß sich das Volk gegen einen Volksgenossen derart undurchdringlich abschließen kann und um so undurchdringlicher, als es sonst für eben diesen Genossen väterlich und mehr als väterlich, demütig sorgt.

The rejection, like the demand, is not about the matter itself, but about the fact that the people can close themselves off so impenetrably against a comrade of the people, and all the more impenetrably than they would otherwise care for this comrade in a fatherly and more than fatherly, humble way.

24.1 Stünde hier an Stelle des Volkes ein Einzelner:

If an individual stood here in the place of the people:

24.2 man könnte glauben,

one might believe that this man had yielded to Josephine the whole time,

24.3 dieser Mann habe die ganze Zeit über Josefine nachgegeben unter dem fortwährenden brennenden Verlangen endlich der Nachgiebigkeit ein Ende zu machen;

under the constant burning desire to finally put an end to her yielding;

er habe übermenschlich viel nachgegeben im festen 24.4
Glauben, daß das Nachgeben trotzdem seine richtige
Grenze finden werde;

he had yielded superhumanly much in the firm belief that
the yielding would nevertheless find its proper limit;

ja, er habe mehr nachgegeben als nötig war, nur 24.5
um die Sache zu beschleunigen, nur, um Josefine
zu verwöhnen und zu immer neuen Wünschen zu
treiben, bis sie dann wirklich diese letzte Forderung
erhob;

yes, he had yielded more than was necessary, only to speed
things up, only to spoil Josephine and drive her to ever new
desires, until she then really made this last demand;

da habe er nun freilich, kurz, weil längst vorbereitet, 24.6
die endgültige Abweisung vorgenommen.

then, of course, he had now, briefly, because long since
prepared, made the final rejection.

Nun, so verhält es sich ganz gewiß nicht, das Volk 24.7
braucht solche Listen nicht, außerdem ist seine
Verehrung für Josefine aufrichtig und erprobt und
Josefinens Forderung ist allerdings so stark, daß
jedes unbefangene Kind ihr den Ausgang hätte
voraussagen können;

Well, that is certainly not the case, the people do not need
such lists, besides, their admiration for Josephine is sincere
and tried, and Josephine's demand is so strong that any
unbiased child could have predicted the outcome;

24.8 trotzdem mag es sein, daß in der Auffassung, die Josefine von der Sache hat, auch solche Vermutungen mitspielen und dem Schmerz der Abgewiesenen eine Bitternis hinzufügen.

nevertheless, it may be that such presumptions also play a part in Josephine's view of the matter and add bitterness to the pain of the rejected.

25.1 Aber mag sie auch solche Vermutungen haben,

But even if she has such suspicions,

25.2 vom Kampf abschrecken läßt sie sich dadurch nicht.

she is not deterred from fighting.

25.3 In letzter Zeit verschärft sich sogar der Kampf;

Lately, the fight has even intensified;

25.4 hat sie ihn bisher nur durch Worte geführt, fängt sie jetzt an, andere Mittel anzuwenden, die ihrer Meinung nach wirksamer, unserer Meinung nach für sie selbst gefährlicher sind.

if she has only waged it through words up to now, she is now beginning to use other means, which in her opinion are more effective, and in our opinion more dangerous for herself.

26.1 Manche glauben, Josefine werde deshalb so dringlich, weil sie sich alt werden fühle, die Stimme Schwächen zeige, und es ihr daher höchste Zeit zu sein Scheine, den letzten Kampf um ihre Anerkennung zu führen.

Some believe that Josefine is becoming so urgent because she feels she is getting old, her voice is showing signs of weakness and it therefore seems to be high time for her to fight the final battle for recognition.

26.2 Ich glaube daran nicht.

I don't believe that.

Josefine wäre nicht Josefine, wenn dies wahr wäre.   26.3

Josefine would not be Josefine if this were true.

Für sie gibt es kein Altern und keine Schwächen ihrer   26.4
Stimme.

For her, there is no ageing and no weaknesses in her voice.

Wenn sie etwas fordert, so wird sie nicht durch   26.5
äußere Dinge, sondern durch innere Folgerichtigkeit
dazu gebracht.

When she demands something, she is not driven to it by
external things, but by inner consistency.

Sie greift nach dem höchsten Kranz, nicht, weil er im   26.6
Augenblick gerade ein wenig tiefer hängt, sondern
weil es der höchste ist;

She reaches for the highest wreath, not because it is
hanging a little lower at the moment, but because it is
the highest;

wäre es in ihrer Macht, sie würde ihn noch höher   26.7
hängen.

if it were in her power, she would hang it even higher.

Diese Mißachtung äußerer Schwierigkeiten hindert   27.1
sie allerdings nicht, die unwürdigsten Mittel
anzuwenden.

This disregard of external difficulties does not, however,
prevent her from using the most unworthy means.

Ihr Recht steht ihr außer Zweifel; was liegt also   27.2
daran, wie sie es erreicht; besonders da doch in
dieser Welt, so wie sie sich ihr darstellt, gerade die
würdigen Mittel versagen müssen.

Her right is beyond doubt; so what does it matter how she
achieves it, especially since in this world, as it presents
itself to her, it is precisely the worthy means that must fail.

27.3 Vielleicht hat sie sogar deshalb den Kampf um ihr Recht aus dem Gebiet des Gesanges auf ein anderes ihr wenig teures verlegt.

Perhaps this is why she has even shifted the fight for her right from the field of song to another field that is less dear to her.

27.4 Ihr Anhang hat Aussprüche von ihr in Umlauf gebracht, nach denen sie sich durchaus fähig fühlt, so zu singen, daß es dem Volk in allen seinen Schichten bis in die versteckteste Opposition hinein eine wirkliche Lust wäre, wirkliche Lust nicht im Sinne des Volkes, welches ja behauptet, diese Lust seit jeher bei Josefinens Gesang zu fühlen, sondern Lust im Sinne von Josefinens Verlangen.

Her followers have circulated statements by her according to which she feels herself quite capable of singing in such a way that it would be a real pleasure for the people in all its strata, even in the most hidden opposition, real pleasure not in the sense of the people, who claim to have always felt this pleasure in Josephine's singing, but pleasure in the sense of Josephine's desire.

27.5 Aber, fügt sie hinzu, da sie das Hohe nicht fälschen und dem Gemeinen nicht schmeicheln könne, müsse es eben bleiben, wie es sei.

But, she adds, since she cannot falsify the high and cannot flatter the low, it must remain as it is.

Anders aber ist es bei ihrem Kampf um die   27.6
Arbeitsbefreiung, zwar ist es auch ein Kampf um
ihren Gesang, aber hier kämpft sie nicht unmittelbar
mit der kostbaren Waffe des Gesanges, jedes Mittel,
das sie anwendet, ist daher gut genug.

It is different, however, with her fight for freedom from
work, although it is also a fight for her singing, but here she
is not fighting directly with the precious weapon of song, so
any means she uses is good enough.

So wurde z. B. das Gerücht verbreitet, Josefine   28.1
beabsichtige, wenn man ihr nicht nachgebe, die
Koloraturen zu kürzen.

For example, the rumor was spread that Josefine intended
to shorten the coloratura if she was not given in.

Ich weiß nichts von Koloraturen,   28.2

I know nothing about coloratura,

habe in ihrem Gesange niemals etwas von   28.3
Koloraturen bemerkt.

I have never noticed anything about coloratura in her
singing.

Josefine aber will die Koloraturen kürzen, vorläufig   28.4
nicht beseitigen, sondern nur kürzen.

But Josefine wants to cut the coloratura, not eliminate it for
the time being, but only shorten it.

Sie hat angeblich ihre Drohung wahr gemacht,   28.5

She has supposedly carried out her threat,

mir allerdings ist kein Unterschied gegenüber ihren   28.6
früheren Vorführungen aufgefallen.

but I didn't notice any difference compared to her earlier
performances.

28.7 Das Volk als Ganzes hat zugehört wie immer, ohne sich über die Koloraturen zu äußern, und auch die Behandlung von Josefinens Forderung hat sich nicht geändert.

The audience as a whole listened as usual, without commenting on the coloratura, and the treatment of Josefine's request has not changed.

28.8 Übrigens hat Josefine, wie in ihrer Gestalt, unleugbar auch in ihrem Denken manchmal etwas recht Graziöses.

Incidentally, Josefine, as in her figure, undeniably also has something quite graceful in her thinking at times.

28.9 So hat sie z. B. nach jener Vorführung, so als sei ihr Entschluß hinsichtlich der Koloraturen gegenüber dem Volk zu hart oder zu plötzlich gewesen, erklärt, nächstens werde sie die Koloraturen doch wieder vollständig singen.

For example, after that performance, as if her decision regarding the coloratura had been too harsh or too sudden for the people, she declared that she would sing the coloratura in full again next time.

28.10 Aber nach dem nächsten Konzert besann sie sich wieder anders, nun sei es endgültig zu Ende mit den großen Koloraturen, und vor einer für Josefine günstigen Entscheidung kämen sie nicht wieder.

But after the next concert she changed her mind again, now it was finally over with the big coloraturas, and they would not come back before a decision favorable to Josefine.

Nun, das Volk hört über alle diese Erklärungen, Entschlüsse und Entschlußänderungen hinweg, wie ein Erwachsener in Gedanken über das Plaudern eines Kindes hinweghört, grundsätzlich wohlwollend, aber unerreichbar.

28.11

Well, the people listened to all these explanations, decisions and changes of decision, just as an adult listens to the chatter of a child, basically sympathetic but unattainable.

Josefine aber gibt nicht nach.

29.1

But Josefine does not give in.

So behauptete sie z. B. neulich, sie habe sich bei der Arbeit eine Fußverletzung zugezogen, die ihr das Stehen während des Gesanges beschwerlich mache;

29.2

For example, she recently claimed that she had injured her foot at work, which made it difficult for her to stand while singing;

da sie aber nur stehend singen könne,

29.3

but as she could only sing standing up,

müsse sie jetzt sogar die Gesänge kürzen.

29.4

she now even had to cut her singing short.

Trotzdem sie hinkt und sich von ihrem Anhang stützen läßt,

29.5

Although she limps and is supported by her followers,

glaubt niemand an eine wirkliche Verletzung.

29.6

no one believes that it is a real injury.

Selbst die besondere Empfindlichkeit ihres Körperchens zugegeben,

29.7

Even admitting the particular sensitivity of her little body,

29.8 sind wir doch ein Arbeitsvolk und auch Josefine
gehört zu ihm;
we are a working people and Josefine is one of them;

29.9 wenn wir aber wegen jeder Hautabschürfung hinken
wollten,
but if we wanted to limp because of every skin abrasion,

29.10 dürfte das ganze Volk mit Hinken gar nicht aufhören.
the whole nation would not be able to stop limping.

29.11 Aber mag sie sich wie eine Lahme führen lassen, mag
sie sich in diesem bedauernswerten Zustand öfters
zeigen als sonst, das Volk hört ihren Gesang dankbar
und entzückt wie früher, aber wegen der Kürzung
macht es nicht viel Aufhebens.
But if she lets herself be led like a lame woman, if she
appears more often than usual in this unfortunate state,
the people hear her singing gratefully and delightedly
as before, but they don't make much of a fuss about the
shortening.

30.1 Da sie nicht immerfort hinken kann, erfindet
sie etwas anderes, sie schützt Müdigkeit vor,
Mißstimmung, Schwäche.
Since she can't limp all the time, she invents something
else, she protects herself from tiredness, bad mood,
weakness.

30.2 Wir haben nun außer dem Konzert auch ein
Schauspiel.
In addition to the concert, we now also have a play.

30.3 Wir sehen hinter Josefine ihren Anhang, wie er sie
bittet und beschwört zu singen.
Behind Josephine we see her entourage begging and
imploring her to sing.

Sie wollte gern, aber sie kann nicht. 30.4

She would like to, but she can't.

Man tröstet sie, umschmeichelt sie, trägt sie fast auf 30.5
den schon vorher ausgesuchten Platz, wo sie singen
soll.

They comfort her, caress her, almost carry her to the place
she has already chosen to sing.

Endlich gibt sie mit undeutbaren Tränen nach, 30.6
aber wie sie mit offenbar letztem Willen zu
singen anfangen will, matt, die Arme nicht wie
sonst ausgebreitet, sondern am Körper leblos
herunterhängend, wobei man den Eindruck erhält,
daß sie vielleicht ein wenig zu kurz sind –

At last she gives in with indistinct tears, but as she wants to
start singing, apparently with her last will, weak, her arms
not spread out as usual, but hanging lifelessly down her
body, giving the impression that they are perhaps a little
too short –

wie sie so anstimmen will, nun, da geht es doch 30.7
wieder nicht, ein unwilliger Ruck des Kopfes zeigt
es an und sie sinkt vor unseren Augen zusammen.

as she wants to start singing like this, well, it doesn't work
again, an unwilling jerk of the head indicates it and she
sinks down before our eyes.

Dann allerdings rafft sie sich doch wieder auf 30.8
und singt, ich glaube, nicht viel anders als sonst,
vielleicht wenn man für feinste Nuancen das Ohr
hat, hört man ein wenig außergewöhnliche Erregung
heraus, die der Sache aber nur zugute kommt.

But then she pulls herself together again and sings, I think,
not much differently than usual, perhaps if you have an ear
for the finest nuances, you can hear a little extraordinary
excitement, but that only benefits the whole thing.

30.9 Und am Ende ist sie sogar weniger müde als vorher, mit festem Gang, soweit man ihr huschendes Trippeln so nennen kann, entfernt sie sich, jede Hilfe des Anhangs ablehnend und mit kalten Blicken die ihr ehrfurchtsvoll ausweichende Menge prüfend.

And in the end she is even less tired than before, with a firm gait, as far as one can call her scampering steps, she departs, refusing any help from the audience and scrutinizing the reverently avoiding crowd with cold glances.

31.1 So war es letzthin, das Neueste aber ist, daß sie zu einer Zeit, wo ihr Gesang erwartet wurde, verschwunden war.

So it was last time, but the latest thing is that she disappeared at a time when her singing was expected.

31.2 Nicht nur der Anhang sucht sie, viele stellen sich in den Dienst des Suchens, es ist vergeblich;

It's not just the followers who are looking for her, many are putting themselves at the service of the search, but it's in vain;

31.3 Josefine ist verschwunden, sie will nicht singen, sie will nicht einmal darum gebeten werden, sie hat uns diesmal völlig verlassen.

Josefine has disappeared, she doesn't want to sing, she doesn't even want to be asked, she has completely abandoned us this time.

Sonderbar, wie falsch sie rechnet, die Kluge, so falsch, daß man glauben sollte, sie rechne gar nicht, sondern werde nur weiter getrieben von ihrem Schicksal, das in unserer Welt nur ein sehr trauriges werden kann.

32.1

Strange how wrongly she calculates, the clever one, so wrongly that one should believe that she does not calculate at all, but is only driven on by her fate, which in our world can only become a very sad one.

Selbst entzieht sie sich dem Gesang, selbst zerstört sie die Macht, die sie über die Gemüter erworben hat.

32.2

She herself withdraws from the song, she herself destroys the power she has acquired over the minds.

Wie konnte sie nur diese Macht erwerben,

32.3

How could she acquire this power,

da sie diese Gemüter so wenig kennt.

32.4

since she knows these minds so little.

Sie versteckt sich und singt nicht, aber das Volk, ruhig, ohne sichtbare Enttäuschung, herrisch, eine in sich ruhende Masse, die förmlich, auch wenn der Anschein dagegen spricht, Geschenke nur geben, niemals empfangen kann, auch von Josefine nicht, dieses Volk zieht weiter seines Weges.

32.5

She hides and does not sing, but the people, calm, without visible disappointment, imperious, a mass at rest in itself, which, even if appearances speak against it, can only give gifts, never receive them, not even from Josephine, these people go on their way.

Mit Josefine aber muß es abwärts gehn.

33.1

But Josefine must go downhill.

33.2 **Bald wird die Zeit kommen, wo ihr letzter Pfiff ertönt und verstummt.**

The time will soon come when her last whistle will sound and fall silent.

33.3 **Sie ist eine kleine Episode in der ewigen Geschichte unseres Volkes und das Volk wird den Verlust überwinden.**

She is a small episode in the eternal history of our people and the people will overcome the loss.

33.4 **Leicht wird es uns ja nicht werden;**

It will not be easy for us;

33.5 **wie werden die Versammlungen in völliger Stummheit möglich sein?**

how will it be possible to gather in complete silence?

33.6 **Freilich, waren sie nicht auch mit Josefine stumm?**

Of course, weren't they also silent with Josephine?

33.7 **War ihr wirkliches Pfeifen nennenswert lauter und lebendiger, als die Erinnerung daran sein wird?**

Was her real whistling significantly louder and more lively than the memory of it will be?

33.8 **War es denn noch bei ihren Lebzeiten mehr als eine bloße Erinnerung?**

Was it more than a mere memory during their lifetime?

33.9 **Hat nicht vielmehr das Volk in seiner Weisheit Josefinens Gesang, eben deshalb, weil er in dieser Art unverlierbar war, so hoch gestellt?**

Did not the people, in their wisdom, place Josephine's song in such high esteem precisely because it was so unlosable?

Vielleicht werden wir also gar nicht sehr viel 34.1
entbehren, Josefine aber, erlöst von der irdischen
Plage, die aber ihrer Meinung nach Auserwählten
bereitet ist, wird fröhlich sich verlieren in der
zahllosen Menge der Helden unseres Volkes, und
bald, da wir keine Geschichte treiben, in gesteigerter
Erlösung vergessen sein wie alle ihre Brüder.

So perhaps we will not be without much at all, but
Josephine, redeemed from the earthly plague, which in
her opinion is prepared for the chosen ones, will happily
lose herself in the countless crowd of heroes of our people,
and soon, since we do not make history, will be forgotten in
increased redemption like all her brothers.

Das Urteil

The Judgement

Eine Geschichte von Franz
Kafka.

A story by Franz Kafka.

Für Fräulein Felice B.

For Miss Felice B.

2.1 Es war an einem Sonntagvormittag im schönsten
Frühjahr.

It was a Sunday morning in the most beautiful spring.

2.2 Georg Bendeman, ein junger Kaufmann, saß in
seinem Privatzimmer im ersten Stock eines der
niedrigen, leichtgebauten Häuser, die entlang des
Flusses in einer langen Reihe, fast nur in der Höhe
und Färbung unterschieden, sich hinzogen.

Georg Bendeman, a young merchant, was sitting in his
private room on the first floor of one of the low, light-built
houses that stretched along the river in a long row, almost
only differing in height and color.

Er hatte gerade einen Brief an einen sich im Ausland   2.3
befindenden Jugendfreund beendet, verschloß ihn
in spielerischer Langsamkeit und sah dann, den
Ellbogen auf den Schreibtisch gestützt, aus dem
Fenster auf den Fluß, die Brücke und die Anhöhen
am anderen Ufer mit ihrem schwachen Grün.

He had just finished writing a letter to a childhood friend
who was abroad, sealed it with playful slowness and then,
with his elbow resting on the desk, looked out the window
at the river, the bridge and the hills on the other bank with
their weak green.

Er dachte darüber nach, wie dieser Freund, mit   2.4
seinem Fortkommen zu Hause unzufrieden, vor
Jahren schon nach Rußland sich förmlich geflüchtet
hatte.

He thought about how this friend, dissatisfied with his
progress at home, had fled to Russia years ago.

Nun betrieb er ein Geschäft in Petersburg, das   2.5
anfangs sich sehr gut angelassen hatte, seit langem
aber schon zu stocken schien, wie der Freund bei
seinen immer seltener werdenden Besuchen klagte.

Now he was running a business in St. Petersburg that had
got off to a very good start but had seemed to be faltering
for a long time, as his friend had complained during his
increasingly rare visits.

So arbeitete er sich in der Fremde nutzlos ab, der   2.6
fremdartige Vollbart verdeckte nur schlecht das
seit den Kinderjahren wohlbekannte Gesicht,
dessen gelbe Hautfarbe auf eine sich entwickelnde
Krankheit hinzudeuten schien.

So he was working away uselessly in a foreign country, his
strange full beard doing little to conceal the face he had
known since childhood, the yellow color of whose skin
seemed to indicate an incipient illness.

2.7 Wie er erzählte, hatte er keine rechte Verbindung mit der dortigen Kolonie seiner Landsleute, aber auch fast keinen gesellschaftlichen Verkehr mit einheimischen Familien und richtete sich so für ein endgültiges Junggesellentum ein.

As he told us, he had no real connection with the colony of his fellow countrymen there, and almost no social contact with local families, and so he was preparing himself for a life as a bachelor.

3.1 Was sollte man einem solchen Manne schreiben, der sich offenbar verrannt hatte, den man bedauern, dem man aber nicht helfen konnte.

What should one write to such a man, who had obviously gone astray, whom one could pity but whom one could not help.

3.2 Sollte man ihm vielleicht raten, wieder nach Hause zu kommen, seine Existenz hierher zu verlegen, alle die alten freundschaftlichen Beziehungen wieder aufzunehmen –

Should one perhaps advise him to come home again, to move his existence here, to resume all the old friendly relationships –

3.3 wofür ja kein Hindernis bestand –

for which there was no obstacle –

3.4 und im übrigen auf die Hilfe der Freunde zu vertrauen?

and otherwise to trust in the help of friends?

3.5 Das bedeutete aber nichts anderes,

But that meant nothing other than saying to him,

als daß man ihm gleichzeitig, ja schonender, desto 3.6
kränkender,
at the same time, yes, more gently,

sagte, daß seine bisherigen Versuche mißlungen 3.7
seien,
all the more hurtfully, that his previous attempts had
failed,

daß er endlich von ihnen ablassen solle, 3.8
that he should finally give them up,

daß er zurückkehren und sich als ein für immer 3.9
Zurückgekehrter von allen mit großen Augen
anstaunen lassen müsse,
that he should return and,

daß nur seine Freunde etwas verstünden und daß er 3.10
ein altes Kind sei,
as one who had returned forever,

das den erfolgreichen, 3.11
to be stared at by everyone with wide eyes,

zu Hause und im übrigen auf die gebliebenen 3.12
Freunden einfach zu folgen habe.
that only his friends understood anything and that he was
an old child who simply had to follow the successful ones at
home and the rest of the friends who had stayed behind.

Und war es dann noch sicher, daß alle die Plage, die 3.13
man ihm antun müßte, einen Zweck hätte?
And was it even certain that all the trouble that would be
caused him would serve a purpose?

3.14 Vielleicht gelang es nicht einmal, ihn überhaupt nach Hause zu bringen –

Perhaps he would not even be able to return home at all –

3.15 er sagte ja selbst, daß er die Verhältnisse in der Heimat nicht mehr verstünde –

he himself said that he no longer understood the situation at home –

3.16 und so bliebe er dann trotz allem in seiner Fremde,

and so he would remain in his foreign country despite everything,

3.17 verbittert durch die Ratschläge und den Freunden noch ein Stück mehr entfremdet.

embittered by the advice and even more estranged from his friends.

3.18 Folgte er aber wirklich dem Rat und würde hier –

But if he really followed the advice and was –

3.19 natürlich nicht mit Absicht, aber durch die Tatsachen –

not intentionally, of course, but as a result of the facts –

3.20 niedergedrückt, fände sich nicht in seinen Freunden und nicht ohne sie zurecht, litte an Beschämung, hätte jetzt wirklich keine Heimat und keine Freunde mehr, war es da nicht viel besser für ihn, er blieb in der Fremde, so wie er war?

depressed here, unable to cope with his friends and without them, suffering from shame, really having no home and no friends anymore, would it not be much better for him to stay in a foreign country as he was?

3.21 Konnte man denn bei solchen Umständen daran denken,

In such circumstances,

daß er es hier tatsächlich vorwärts bringen würde? 3.22

could one really think that he would actually get ahead
here?

Aus diesen Gründen konnte man ihm, wenn 4.1
man noch überhaupt die briefliche Verbindung
aufrecht erhalten wollte, keine eigentlichen
Mitteilungen machen, wie man sie ohne Scheu auch
den entferntesten Bekannten machen würde.

For these reasons, if one still wanted to maintain a
correspondence with him, one could not make any real
communications to him, as one would without hesitation
to the most distant acquaintances.

Der Freund war nun schon über drei Jahre nicht in 4.2
der Heimat gewesen und erklärte dies sehr notdürftig
mit der Unsicherheit der politischen Verhältnisse
in Rußland, die demnach also auch die kürzeste
Abwesenheit eines kleinen Geschäftsmannes nicht
zuließen, während hunderttausende Russen ruhig in
der Welt herumfuhren.

The friend had not been back home for over three years
and explained this very poorly with the uncertainty of the
political situation in Russia, which therefore did not allow
even the shortest absence of a small businessman, while
hundreds of thousands of Russians were traveling around
the world.

Im Laufe dieser drei Jahre hatte sich aber gerade für 4.3
Georg vieles verändert.

But during these three years, a lot had changed for Georg.

4.4 Von dem Todesfall von Georgs Mutter, der vor etwa zwei Jahren erfolgt war und seit welchem Georg mit seinem alten Vater in gemeinsamer Wirtschaft lebte, hatte der Freund wohl noch erfahren und sein Beileid in einem Brief mit einer Trockenheit ausgedruckt, die ihren Grund nun darin haben konnte, daß die Trauer über ein solches Ereignis in der Fremde ganz unvorstellbar wird.

The friend had probably heard about the death of Georg's mother, which had occurred about two years earlier and since which Georg had been living with his old father in a shared household, and had expressed his condolences in a letter with a dryness that could now have its reason in the fact that the grief over such an event becomes quite unimaginable in a foreign country.

4.5 Nun hatte aber Georg seit jener Zeit, so wie alles andere, auch sein Geschäft mit größerer Entschlossenheit angepackt.

But since that time, Georg had tackled his business with greater determination, as he had everything else.

4.6 Vielleicht hatte ihn der Vater bei Lebzeiten der Mutter dadurch, daß er im Geschäft nur seine Ansicht gelten lassen wollte, an einer wirklichen eigenen Tätigkeit gehindert, vielleicht war der Vater seit dem Tode der Mutter, trotzdem er noch immer im Geschäfte arbeitete, zurückhaltender geworden, vielleicht spielten –

Perhaps his father had prevented him from really doing his own thing while his mother was alive by only allowing his opinion to be valid in the business, perhaps his father had become more reserved since his mother's death, even though he still worked in the business, perhaps –

4.7 was sogar sehr wahrscheinlich war –

which was very likely –

glückliche Zufälle eine weit wichtigere Rolle,   4.8
jedenfalls aber hatte sich das Geschäft in diesen zwei
Jahren ganz unerwartet entwickelt, das Personal
hatte man verdoppeln müssen, der Umsatz hatte
sich verfünffacht, ein weiterer Fortschritt stand
zweifellos bevor.

happy coincidences played a far more important role, but
in any case the business had developed quite unexpectedly
in these two years, the staff had had to be doubled, the
turnover had increased fivefold, and further progress was
undoubtedly imminent.

Der Freund aber hatte keine Ahnung von dieser   5.1
Veränderung.

But the friend had no idea of this change.

Früher, zum letztenmal vielleicht in jenem   5.2
Beileidsbrief, hatte er Georg zur Auswanderung
nach Rußland überreden wollen und sich über
die Aussichten verbreitet, die gerade für Georgs
Geschäftszweig in Petersburg bestanden.

Earlier, perhaps for the last time in that letter of
condolence, he had tried to persuade Georg to emigrate
to Russia and had talked about the prospects that existed
for Georg's line of business in St. Petersburg.

Die Ziffern waren verschwindend gegenüber dem   5.3
Umfang, den Georgs Geschäft jetzt angenommen
hatte.

The figures were negligible compared to the size that
Georg's business had now assumed.

5.4 Georg aber hatte keine Lust gehabt, dem Freund von seinen geschäftlichen Erfolgen zu schreiben, und hätte er es jetzt nachträglich getan, es hätte wirklich einen merkwürdigen Anschein gehabt.

Georg, however, had no desire to write to his friend about his business successes, and even if he had done so now, it would have seemed strange.

6.1 So beschränkte sich Georg darauf, dem Freund immer nur über bedeutungslose Vorfälle zu schreiben, wie sie sich, wenn man an einem ruhigen Sonntag nachdenkt, in der Erinnerung ungeordnet aufhäufen.

So Georg limited himself to writing to his friend only about insignificant incidents, such as pile up in one's memory in an unordered way when one reflects on a quiet Sunday.

6.2 Er wollte nichts anderes, als die Vorstellung ungestört lassen, die sich der Freund von der Heimatstadt in der langen Zwischenzeit wohl gemacht und mit welcher er sich abgefunden hatte.

He wanted nothing more than to leave the image that the friend had made of the hometown in the long interim period, and with which he had come to terms, undisturbed.

6.3 So geschah es Georg, daß er dem Freund die Verlobung eines gleichgültigen Menschen mit einem ebenso gleichgültigen Mädchen dreimal in ziemlich weit auseinanderliegenden Briefen anzeigte, bis sich dann allerdings der Freund, ganz gegen Georgs Absicht, für diese Merkwürdigkeit zu interessieren begann.

It happened to Georg that he informed his friend of the engagement of an indifferent person to an equally indifferent girl three times in letters that were quite far apart, until the friend, quite against Georg's intention, began to take an interest in this peculiarity.

Georg schrieb ihm aber solche Dinge viel lieber, als   7.1
daß er zugestanden hätte, daß er selbst vor einem
Monat mit einem Fräulein Frieda Brandenfeld, einem
Mädchen aus wohlhabender Familie, sich verlobt
hatte.

Georg much preferred writing such things to admitting
that he himself had become engaged a month before to a
Miss Frieda Brandenfeld, a girl from a wealthy family.

Oft sprach er mit seiner Braut über diesen Freund   7.2
und das besondere Korrespondenzverhältnis, in
welchem er zu ihm stand.

He often spoke to his fiancée about this friend and the
special relationship of correspondence that he had with
him.

»Da wird er gar nicht zu unserer Hochzeit kommen«,   7.3
sagte sie, »und ich habe doch das Recht, alle deine
Freunde kennen zu lernen.«

"He won't come to our wedding at all," she said, "and I still
have the right to get to know all your friends."

»Ich will ihn nicht stören«, antwortete Georg,   7.4
»verstehe mich recht, er würde wahrscheinlich
kommen, wenigstens glaube ich es, aber er würde
sich gezwungen und geschädigt fühlen, vielleicht
mich beneiden und sicher unzufrieden und unfähig,
diese Unzufriedenheit jemals zu beseitigen, allein
wieder zurückfahren.

"I don't want to disturb him," Georg replied, "but
understand me correctly, he would probably come, at least
I think he would, but he would feel forced and harmed,
perhaps he would envy me and certainly be dissatisfied and
unable to ever eliminate this dissatisfaction, and would just
drive back alone.

Allein – weißt du, was das ist?«   7.5

But alone – do you know what that is?"

218

7.6 »Ja,
"Yes,

7.7 kann er denn von unserer Heirat nicht auch auf andere Weise erfahren?«
can't he find out about our marriage in some other way?"

7.8 »Das kann ich allerdings nicht verhindern,
"I can't prevent that,

7.9 aber es ist bei seiner Lebensweise unwahrscheinlich.«
but it's unlikely with the way he lives."

7.10 »Wenn du solche Freunde hast, Georg, hättest du dich überhaupt nicht verloben sollen.«
"If you had such friends, Georg, you shouldn't have gotten engaged at all."

7.11 »Ja, das ist unser beider Schuld;
"Yes, it's our fault;

7.12 aber ich wollte es auch jetzt nicht anders haben.«
but I wouldn't have it any other way now."

7.13 Und wenn sie dann, rasch atmend unter seinen Küssen, noch vorbrachte: »Eigentlich kränkt es mich doch«, hielt er es wirklich für unverfänglich, dem Freund alles zu schreiben.
And when she then, breathing quickly under his kisses, said, "Actually, it hurts me," he really thought it was harmless to write everything to his friend.

»So bin ich und so hat er mich hinzunehmen«, sagte 7.14
er sich, »Ich kann nicht aus mir einen Menschen
herausschneiden, der vielleicht für die Freundschaft
mit ihm geeigneter wäre, als ich es bin.«

"That's the way I am and that's the way he has to take me,"
he said to himself, "I can't cut out of myself a person who
might be more suitable for a friendship with him than I
am."

Und tatsächlich berichtete er seinem Freunde in dem 8.1
langen Brief, den er an diesem Sonntagvormittag
schrieb, die erfolgte Verlobung mit folgenden
Worten:

And in fact, in the long letter he wrote to his friend that
Sunday morning, he reported the engagement with the
following words:

»Die beste Neuigkeit habe ich mir bis zum Schluß 8.2
aufgespart.

"I have saved the best news for last.

Ich habe mich mit einem Fräulein Frieda 8.3
Brandenfeld verlobt, einem Mädchen aus einer
wohlhabenden Familie, die sich hier erst lange nach
Deiner Abreise angesiedelt hat, die Du also kaum
kennen dürftest.

I have become engaged to Miss Frieda Brandenfeld, a girl
from a wealthy family who only settled here long after your
departure, so you are unlikely to know her.

8.4 **Es wird sich noch Gelegenheit finden, Dir Näheres über meine Braut mitzuteilen, heute genüge Dir, daß ich recht glücklich bin und daß sich in unserem gegenseitigem Verhältnis nur insofern etwas geändert hat, als Du jetzt in mir statt eines ganz gewöhnlichen Freundes einen glücklichen Freund haben wirst.**

There will be an opportunity to tell you more about my bride, but for now it is enough for you to know that I am very happy and that our relationship has changed only in that you will now have a happy friend instead of a very ordinary friend.

8.5 **Außerdem bekommst Du in meiner Braut, die Dich herzlich grüßen läßt, und die Dir nächstens selbst schreiben wird, eine aufrichtige Freundin, was für einen Junggesellen nicht ganz ohne Bedeutung ist.**

What's more, you will gain a sincere friend in my bride, who sends you her warmest greetings and will write to you herself soon.

8.6 **Ich weiß, es hält Dich vielerlei von einem Besuche bei uns zurück, wäre aber nicht gerade meine Hochzeit die richtige Gelegenheit, einmal alle Hindernisse über den Haufen zu werfen?**

I know there are many reasons that keep you from visiting us, but wouldn't my wedding be the perfect opportunity to throw all obstacles to the wind?

8.7 **Aber wie dies auch sein mag,**

But whatever the case,

8.8 **handle ohne alle Rücksicht und nur nach Deiner Wohlmeinung.«**

act without regard to anything and only according to your best judgment."

Mit diesem Brief in der Hand war Georg lange,   9.1
das Gesicht dem Fenster zugekehrt, an seinem
Schreibtisch gesessen.

With this letter in his hand, Georg had sat at his desk for a
long time, his face turned towards the window.

Einem Bekannten, der ihn im Vorübergehen von der   9.2
Gasse aus gegrüßt hatte, hatte er kaum mit einem
abwesenden Lächeln geantwortet.

He had barely responded with an absent smile to a passing
acquaintance who had greeted him from the alley.

Endlich steckte er den Brief in die Tasche und ging   10.1
aus seinem Zimmer quer durch einen kleinen Gang
in das Zimmer seines Vaters, in dem er schon seit
Monaten nicht gewesen war.

Finally, he put the letter in his pocket and went from his
room, through a small hallway, to his father's room, which
he had not been in for months.

Es bestand auch sonst keine Nötigung dazu, denn   10.2
er verkehrte mit seinem Vater ständig im Geschäft,
das Mittagessen nahmen sie gleichzeitig in einem
Speisehaus ein, abends versorgte sich zwar jeder
nach Belieben, doch saßen sie dann meistens, wenn
nicht Georg, wie es am häufigsten geschah, mit
Freunden beisammen war oder jetzt seine Braut
besuchte, noch ein Weilchen, jeder mit seiner
Zeitung, im gemeinsamen Wohnzimmer.

There was no other reason for him to do so, because he was
constantly in contact with his father at the office; They
had lunch together in a restaurant, and in the evening,
although each of them prepared their own meals, they
usually sat together for a while in the living room, each
with his newspaper, unless Georg was with friends, as was
most often the case, or now visiting his fiancée.

11.1 Georg staunte darüber,

Georg was amazed at how dark his father's room was,

11.2 wie dunkel das Zimmer des Vaters selbst an diesem sonnigen Vormittag war.

even on this sunny morning.

11.3 Einen solchen Schatten warf also die hohe Mauer, die sich jenseits des schmalen Hofes erhob.

The high wall that rose up on the other side of the narrow courtyard cast such a shadow.

11.4 Der Vater saß beim Fenster in einer Ecke, die mit verschiedenen Andenken an die selige Mutter ausgeschmückt war, und las die Zeitung, die er seitlich vor die Augen hielt, wodurch er irgendeine Augenschwäche auszugleichen suchte.

His father was sitting by the window in a corner that was decorated with various mementos of his late mother, reading the newspaper, which he held sideways in front of his eyes to compensate for some kind of eye weakness.

11.5 Auf dem Tisch standen die Reste des Frühstücks,

The remains of breakfast were on the table,

11.6 von dem nicht viel verzehrt zu sein schien.

and it seemed that not much of it had been eaten.

12.1 »Ah, Georg!« sagte der Vater und ging ihm gleich entgegen.

"Ah, Georg!" said his father, and went to meet him.

12.2 Sein schwerer Schlafrock öffnete sich im Gehen die Enden umflatterten ihn –

His heavy dressing gown opened at the ends as he walked, and fluttered around him –

»mein Vater ist noch immer ein Riese,« sagte sich Georg.

12.3

"my father is still a giant," Georg thought to himself.

»Hier ist es ja unerträglich dunkel,« sagte er dann.

13.1

"It's unbearably dark in here," he said.

»Ja, dunkel ist es schon«, antwortete der Vater.

14.1

"Yes, it is dark," replied his father.

»Das Fenster hast du auch geschlossen?«

15.1

"Have you closed the window too?"

»Ich habe es lieber so.«

16.1

"I prefer it that way."

»Es ist ja ganz warm draußen«, sagte Georg wie im Nachhang zu dem Früheren, und setzte sich.

17.1

"It's quite warm outside," said Georg, as if in response to the previous remark, and sat down.

Der Vater räumte das Frühstücksgeschirr ab und stellte es auf einen Kasten.

18.1

His father cleared the breakfast dishes and put them on a box.

»Ich wollte dir eigentlich nur sagen«, fuhr Georg fort, der den Bewegungen des alten Mannes ganz verloren folgte, »daß ich nun doch nach Petersburg meine Verlobung angezeigt habe.«

19.1

"I just wanted to tell you," Georg continued, following the old man's movements with a lost expression, "that I have now announced my engagement to Petersburg."

19.2 **Er zog den Brief ein wenig aus der Tasche und ließ ihn wieder zurückfallen.**

He pulled the letter out of his pocket a little and let it fall back in again.

20.1 **»Wieso nach Petersburg?« fragte der Vater.**

"Why Petersburg?" asked the father.

21.1 **»Meinem Freunde doch«, sagte Georg und suchte des Vaters Augen –**

"To my friend," said Georg, looking for his father's eyes –

21.2 **»Im Geschäft ist er doch ganz anders«, dachte er, »wie er hier breit sitzt und die Arme über der Brust kreuzt.«**

"He's quite different in business," he thought, "sitting here with his arms crossed over his chest."

22.1 **»Ja. Deinem Freunde,« sagte der Vater mit Betonung.**

"Yes. Your friend," said the father with emphasis.

23.1 **»Du weißt doch, Vater, daß ich ihm meine Verlobung zuerst verschweigen wollte.**

"You know, father, that I wanted to keep my engagement secret from him at first.

23.2 **Aus Rücksichtnahme, aus keinem anderen Grunde sonst.**

Out of consideration, for no other reason.

23.3 **Du weißt selbst, er ist ein schwieriger Mensch.**

You know yourself that he is a difficult person.

Ich sagte mir, von anderer Seite kann er von meiner
Verlobung wohl erfahren, wenn das auch bei seiner
einsamen Lebensweise kaum wahrscheinlich ist – das
kann ich nicht hindern - , aber von mir selbst soll er
es nun einmal nicht erfahren.«

23.4

I told myself that he could find out about my engagement
from someone else, even though that is hardly likely given
his solitary way of life – I can't prevent that – but he should
not find out about it from me."

»Und jetzt hast du es dir wieder anders überlegt?«

24.1

"And now you've changed your mind again?"

fragte der Vater, legte die große Zeitung auf den
Fensterbord und auf die Zeitung die Brille, die er mit
der Hand bedeckte.

24.2

asked the father, putting the newspaper on the windowsill
and his glasses on top of it, covering them with his hand.

»Ja, jetzt habe ich es mir wieder überlegt.

25.1

"Yes, I've changed my mind again.

Wenn er mein guter Freund ist, sagte ich mir, dann
ist meine glückliche Verlobung auch für ihn ein
Glück.

25.2

If he is my good friend, I said to myself, then my happy
engagement is also a happiness for him.

Und deshalb habe ich nicht mehr gezögert, es ihm
anzuzeigen.

25.3

And that's why I didn't hesitate to tell him.

Ehe ich jedoch den Brief einwarf, wollte ich es dir
sagen.«

25.4

But before I posted the letter, I wanted to tell you."

26.1 »Georg«, sagte der Vater und zog den zahnlosen
Mund in die Breite »hör' einmal!
"Georg", said the father, pulling his toothless mouth wide,
"listen to me!

26.2 Du bist wegen dieser Sache zu mir gekommen, um
dich mit mir zu beraten.
You came to me about this matter to consult with me.

26.3 Das ehrt dich ohne Zweifel.
That honors you without a doubt.

26.4 Aber es ist nichts, es ist ärger als nichts, wenn du mir
jetzt nicht die volle Wahrheit sagst.
But it is nothing, it is worse than nothing, if you do not tell
me the full truth now.

26.5 Ich will nicht Dinge aufrühren, die nicht hierher
gehören.
I do not want to stir up things that do not belong here.

26.6 Seit dem Tode unserer teueren Mutter sind gewisse
unschöne Dinge vorgegangen.
Since the death of our dear mother, certain unpleasant
things have happened.

26.7 Vielleicht kommt auch für sie die Zeit und vielleicht
kommt sie früher,
Perhaps the time will come for her,

26.8 als wir denken.
and perhaps it will come sooner than we think.

Im Geschäft entgeht mir manches, es wird mir vielleicht nicht verborgen – ich will jetzt gar nicht die Annahme machen, daß es mir verborgen wird -, ich bin nicht mehr kräftig genug, mein Gedächtnis läßt nach, ich habe nicht mehr den Blick für alle die vielen Sachen.

26.9

I miss a lot of things in the business, and perhaps they are not hidden from me – I don't want to assume that they are hidden from me – I am no longer strong enough, my memory is failing, I no longer have an eye for all the many things.

Das ist erstens der Ablauf der Natur, und zweitens hat mich der Tod unseres Mütterchens viel mehr niedergeschlagen als dich.

26.10

Firstly, that is the way of nature, and secondly, the death of our mother has affected me much more than it has affected you.

– Aber weil wir gerade bei dieser Sache halten, bei diesem Brief, so bitte ich dich, Georg, täusche mich nicht.

26.11

– But since we are on the subject of this letter, I beg you, Georg, do not deceive me.

Es ist eine Kleinigkeit, es ist nicht des Atems wert, also täusche mich nicht.

26.12

It is a small matter, it is not worth mentioning, so do not deceive me.

Hast du wirklich diesen Freund in Petersburg?«

26.13

Do you really have this friend in Petersburg?"

Georg stand verlegen auf. »Lassen wir meine Freunde sein.

27.1

Georg stood up awkwardly. "Let's not talk about my friends.

27.2 **Tausend Freunde ersetzen mir nicht meinen Vater.**
A thousand friends are no substitute for my father.

27.3 **Weißt du, was ich glaube?**
Do you know what I think?

27.4 **Du schonst dich nicht genug.**
You don't take enough care of yourself.

27.5 **Aber das Alter verlangt seine Rechte.**
But age demands its rights.

27.6 **Du bist mir im Geschäft unentbehrlich, das weißt du ja sehr genau, aber wenn das Geschäft deine Gesundheit bedrohen sollte, sperre ich es noch morgen für immer.**
You are indispensable to me in business, as you well know, but if business threatens your health, I will close it down tomorrow.

27.7 **Das geht nicht.**
That won't do.

27.8 **Wir müssen da eine andere Lebensweise für dich einführen.**
We have to introduce a different way of life for you.

27.9 **Aber von Grund aus.**
But from the ground up.

27.10 **Du sitzt hier im Dunkel und im Wohnzimmer hättest du schönes Licht.**
You sit here in the dark and in the living room you would have beautiful light.

Du nippst vom Frühstück, statt dich ordentlich zu   27.11
stärken.
You sip from breakfast instead of strengthening yourself
properly.

Du sitzt bei geschlossenem Fenster und die Luft   27.12
würde dir so gut tun.
You sit with the window closed and the air would do you so
much good.

Nein, mein Vater!   27.13
No, my father!

Ich werde den Arzt holen und seinen Vorschriften   27.14
werden wir folgen.
I will get the doctor and we will follow his instructions.

Die Zimmer werden wir wechseln, du wirst ins   27.15
Vorderzimmer ziehen, ich hierher.
We will change rooms, you will move into the front room, I
will move here.

Es wird keine Veränderung für dich sein,   27.16
It will be no change for you,

alles wird mit übertragen werden.   27.17
everything will be transferred.

Aber das alles hat Zeit, jetzt lege dich noch ein wenig   27.18
ins Bett, du brauchst unbedingt Ruhe.
But there's no rush, you should lie down for a while, you
need some rest.

Komm, ich werde dir beim Ausziehn helfen, du wirst   27.19
sehn, ich kann es.
Come on, I'll help you undress, you'll see, I can do it.

27.20 **Oder willst du gleich ins Vorderzimmer gehn,**
Or would you rather go to the front room straight away,

27.21 **dann legst du dich vorläufig in mein Bett.**
then you can lie down in my bed for now.

27.22 **Das wäre übrigens sehr vernünftig.«**
That would be very sensible, by the way."

28.1 **Georg stand knapp neben seinem Vater,**
Georg was standing close to his father,

28.2 **der den Kopf mit dem struppigen weißen Haar auf die Brust hatte sinken lassen.**
who had let his head with the shaggy white hair sink onto his chest.

29.1 **»Georg«, sagte der Vater leise, ohne Bewegung.**
"Georg," said his father quietly, without moving.

30.1 **Georg kniete sofort neben dem Vater nieder,**
Georg immediately knelt down beside his father,

30.2 **er sah die Pupillen in dem milden Gesicht des Vaters übergroß in den Winkeln der Augen auf sich gerichtet.**
seeing the pupils in his father's mild face looking back at him in the corners of his eyes.

31.1 **»Du hast keinen Freund in Petersburg.**
"You have no friend in St. Petersburg.

Du bist immer ein Spaßmacher gewesen und hast   31.2
dich auch mir gegenüber nicht zurückgehalten.
You have always been a joker and have not held back from
me either.

Wie solltest du denn gerade dort einen Freund haben!   31.3
How could you have a friend there of all places!

Das kann ich gar nicht glauben.«   31.4
I can't believe it."

»Denk doch noch einmal nach, Vater«, sagte Georg,   32.1
hob den Vater vom Sessel und zog ihm, wie er nun
doch recht schwach dastand, den Schlafrock aus,
»jetzt wird es bald drei Jahre her sein, da war ja mein
Freund bei uns zu Besuch.
"Think again, father," said Georg, lifting his father from
the armchair and taking off his dressing gown, as he was
now standing there quite weak, "it will soon be three years
since my friend was visiting us.

Ich erinnere mich noch, daß du ihn nicht besonders   32.2
gern hattest.
I still remember that you didn't like him very much.

Wenigstens zweimal habe ich ihn vor dir verleugnet,   32.3
At least twice I denied him in front of you,

trotzdem er gerade bei mir im Zimmer saß.   32.4
even though he was sitting in my room.

Ich konnte ja deine Abneigung gegen ihn ganz gut   32.5
verstehn,
I could understand your dislike of him very well,

mein Freund hat seine Eigentümlichkeiten.   32.6
my friend has his peculiarities.

32.7 Aber dann hast du dich doch auch wieder ganz gut mit ihm unterhalten.

But then you also had a good conversation with him again.

32.8 Ich war damals noch so stolz darauf, daß du ihm zuhörtest, nicktest und fragtest.

I was still so proud of the fact that you listened to him, nodded and asked questions.

32.9 Wenn du nachdenkst, mußt du dich erinnern.

If you think about it, you must remember.

32.10 Er erzählte damals unglaubliche Geschichten von der russischen Revolution.

He told incredible stories about the Russian Revolution.

32.11 Wie er z.B. auf einer Geschäftsreise in Kiew bei einem Tumult einen Geistlichen auf einem Balkon gesehen hatte, der sich ein breites Blutkreuz in die flache Hand schnitt, diese Hand erhob und die Menge anrief.

For example, how he had seen a priest on a balcony in Kiev during a riot, cutting a broad cross in his hand, raising it and calling out to the crowd.

32.12 Du hast ja selbst diese Geschichte hier und da wiedererzählt.«

You have told this story yourself here and there."

33.1 Währenddessen war es Georg gelungen, den Vater wieder niederzusetzen und ihm die Trikothose, die er über den Leinenunterhosen trug, sowie die Socken vorsichtig auszuziehn.

Meanwhile, Georg had managed to sit the father down again and carefully remove the jersey trousers he was wearing over his linen underpants, as well as his socks.

Beim Anblick der nicht besonders reinen Wäsche machte er sich Vorwürfe, 33.2

At the sight of the not particularly clean laundry,

den Vater vernachlässigt zu haben. 33.3

he reproached himself for neglecting his father.

Es wäre sicherlich auch seine Pflicht gewesen, über den Wäschewechsel seines Vaters zu wachen. 33.4

It would certainly have been his duty to watch over his father's change of clothes.

Er hatte mit seiner Braut darüber, wie sie die Zukunft des Vaters einrichten wollten, noch nicht ausdrücklich gesprochen, denn sie hatten stillschweigend vorausgesetzt, daß der Vater allein in der alten Wohnung bleiben würde. 33.5

He had not yet spoken explicitly with his bride about how they wanted to arrange the future of his father, because they had tacitly assumed that the father would remain alone in the old apartment.

Doch jetzt entschloß er sich kurz mit aller Bestimmtheit, den Vater in seinen künftigen Haushalt mitzunehmen. 33.6

But now he decided briefly and with all certainty to take the father into his future household.

Es schien ja fast, wenn man genauer zusah, daß die Pflege, die dort dem Vater bereitet werden sollte, zu spät kommen könnte. 33.7

It almost seemed, if you looked more closely, that the care that was to be given to the father there could come too late.

Auf seinen Armen trug er den Vater ins Bett. 34.1

He carried his father into bed in his arms.

34.2 Ein schreckliches Gefühl hatte er, als er während der paar Schritte zum Bett hin merkte, daß an seiner Brust der Vater mit seiner Uhrkette spielte.

He had a terrible feeling when, during the few steps to the bed, he realized that his father was playing with his watch chain on his chest.

34.3 Er konnte ihn nicht gleich ins Bett legen,

He couldn't put him into bed right away,

34.4 so fest hielt er sich an dieser Uhrkette.

he was holding on to the watch chain so tightly.

35.1 Kaum war er aber im Bett, schien alles gut.

But as soon as he was in bed, everything seemed fine.

35.2 Er deckte sich selbst zu und zog dann die Bettdecke noch besonders weit über die Schulter.

He covered himself up and then pulled the blanket over his shoulders.

35.3 Er sah nicht unfreundlich zu Georg hinauf.

He didn't look unfriendly at Georg.

36.1 »Nicht wahr, du erinnerst dich schon an ihn?«

"Don't you remember him already?"

36.2 fragte Georg und nickte ihm aufmunternd zu.

Georg asked, nodding encouragingly.

37.1 »Bin ich jetzt gut zugedeckt?«

"Am I well covered now?"

fragte der Vater, als könne er nicht nachschauen, ob 37.2
die Füße genug bedeckt seien.

asked the father, as if he couldn't see whether his feet were
covered enough.

»Es gefällt dir also schon im Bett«, sagte Georg und 38.1
legte das Deckzeug besser um ihn.

"So you're already enjoying your bed," said Georg, tucking
the covers around him more snugly.

»Bin ich gut zugedeckt?« 39.1

"Am I well covered?"

fragte der Vater noch einmal und schien auf die 39.2
Antwort besonders aufzupassen.

the father asked again, and seemed to be paying particular
attention to the answer.

»Sei nur ruhig, du bist gut zugedeckt.« 40.1

"Just be quiet, you're well covered."

»Nein!« 41.1

"No!"

rief der Vater, daß die Antwort an die Frage stieß, 41.2
warf die Decke zurück mit einer Kraft, daß sie einen
Augenblick im Fluge sich ganz entfaltete, und stand
aufrecht im Bett.

the father shouted, so that the answer collided with the
question, threw the blanket back with such force that it
unfolded completely in flight for a moment, and stood
upright in bed.

Nur eine Hand hielt er leicht an den Plafond. 41.3

He held only one hand lightly against the ceiling.

236

41.4 »Du wolltest mich zudecken, das weiß ich, mein Früchtchen, aber zugedeckt bin ich noch nicht.

"You wanted to cover me, I know that, my little fruit, but I'm not covered yet.

41.5 Und ist es auch die letzte Kraft, genug für dich, zuviel für dich.

And even if it's the last thing, enough for you, too much for you.

41.6 Wohl kenne ich deinen Freund.

I know your friend well.

41.7 Er wäre ein Sohn nach meinem Herzen.

He would be a son after my own heart.

41.8 Darum hast du ihn auch betrogen die ganzen Jahre lang.

That's why you've cheated him all these years.

41.9 Warum sonst? Glaubst du, ich habe nicht um ihn geweint?

Why else? Do you think I haven't cried for him?

41.10 Darum doch sperrst du dich in dein Bureau, niemand soll stören, der Chef ist beschäftigt –

That's why you lock yourself in your office, no one is to disturb you, the boss is busy –

41.11 nur damit du deine falschen Briefchen nach Rußland schreiben kannst.

just so you can write your false letters to Russia.

41.12 Aber den Vater muß glücklicherweise niemand lehren, den Sohn zu durchschauen.

But fortunately no one has to teach a father to see through his son.

237

Wie du jetzt geglaubt hast, du hättest ihn   41.13
untergekriegt, so untergekriegt, daß du dich mit
deinem Hintern auf ihn setzen kannst und er rührt
sich nicht, da hat sich mein Herr Sohn zum Heiraten
entschlossen!«
Just as you thought you had got him under your thumb,
so under your thumb that you could sit on him with your
bottom and he wouldn't budge, my son decided to get
married!"

Georg sah zum Schreckbild seines Vaters auf.   42.1
Georg looked up at the frightening image of his father.

Der Petersburger Freund, den der Vater plötzlich so   42.2
gut kannte, ergriff ihn, wie noch nie.
The Petersburg friend, whom his father suddenly knew so
well, gripped him as never before.

Verloren im weiten Rußland sah er ihn.   42.3
He saw him lost in the vastness of Russia.

An der Türe des leeren, ausgeraubten Geschäftes sah   42.4
er ihn.
He saw him at the door of the empty, looted shop.

Zwischen den Trümmern der Regale, den zerfetzten   42.5
Waren, den fallenden Gasarmen stand er gerade
noch.
He was still standing between the ruins of the shelves, the
tattered goods, the falling gas arms.

Warum hatte er so weit wegfahren müssen!   42.6
Why had he had to travel so far away!

»Aber schau mich an!«   43.1
"But look at me!"

43.2 rief der Vater, und Georg lief, fast zerstreut, zum
Bett, um alles zu fassen, stockte aber in der Mitte des
Weges.

the father called, and Georg ran, almost distracted, to the
bed to take it all in, but stopped halfway there.

44.1 »Weil sie die Röcke gehoben hat«, fing der Vater zu
flöten an, »weil sie die Röcke so gehoben hat, die
widerliche Gans«, und er hob, um das darzustellen,
sein Hemd so hoch, daß man auf seinem
Oberschenkel die Narbe aus seinen Kriegsjahren
sah, »weil sie die Röcke so und so und so gehoben hat,
hast du dich an sie herangemacht, und damit du an
ihr ohne Störung dich befriedigen kannst, hast du
unserer Mutter Andenken geschändet, den Freund
verraten und deinen Vater ins Bett gesteckt, damit er
sich nicht rühren kann.

"Because she lifted her skirts," the father began to whistle,
"because she lifted her skirts like that, the disgusting
goose," and to illustrate this, he lifted his shirt so high
that the scar from his war years could be seen on his thigh,
"Because she lifted her skirts like this and like this and
like this, you made advances to her, and so that you could
satisfy yourself without interruption, you defiled our
mother's memory, betrayed your friend and put your
father in bed so that he couldn't move.

44.2 Aber kann er sich rühren oder nicht?«

But can he move or not?"

44.3 Und er stand vollkommen frei und warf die Beine.

And he stood completely free and threw his legs.

44.4 Er strahlte vor Einsicht.

He was beaming with insight.

Georg stand in einem Winkel, 45.1

Georg stood in a corner,

möglichst weit vom Vater. 45.2

as far away from his father as possible.

Vor einer langen Weile hatte er sich fest entschlossen, 45.3
alles vollkommen genau zu beobachten, damit er
nicht irgendwie auf Umwegen, von hinten her, von
oben herab überrascht werden könne.

A long time ago, he had made a firm decision to observe
everything with the utmost precision, so that he would not
be taken by surprise in any way, from behind, from above.

Jetzt erinnerte er sich wieder an den längst 45.4
vergessenen Entschluß und vergaß ihn,

Now he remembered his long-forgotten decision and
forgot it,

wie man einen kurzen Faden durch ein Nadelöhr 45.5
zieht.

like pulling a short thread through the eye of a needle.

»Aber der Freund ist nun doch nicht verraten!« 46.1

"But the friend has not been betrayed!"

rief der Vater, und sein hin - und herbewegter 46.2
Zeigefinger bekräftigte es.

his father called, and his index finger, moving back and
forth, emphasized it.

»Ich war sein Vertreter hier am Ort.« 46.3

"I was his representative here in the village."

»Komödiant!« 47.1

"Comedian!"

47.2 konnte sich Georg zu rufen nicht enthalten, erkannte sofort den Schaden und biß, nur zu spät, –

Georg could not help calling out, recognizing the damage immediately and biting, only too late, –

47.3 die Augen erstarrt – in seine Zunge,

his eyes frozen – into his tongue,

47.4 daß er vor Schmerz einknickte.

so that he collapsed in pain.

48.1 »Ja, freilich habe ich Komödie gespielt! Komödie! Gutes Wort!

"Yes, of course I played comedy! Comedy! Good word!

48.2 Welcher andere Trost blieb dem alten verwitweten Vater?

What other consolation remained for the old widowed father?

48.3 Sag – und für den Augenblick der Antwort sei du noch mein lebender Sohn - , was blieb mir übrig, in meinem Hinterzimmer, verfolgt vom ungetreuen Personal, alt bis in die Knochen?

Say – and for the moment of the answer you are still my living son – , what else could I do, in my back room, persecuted by the unfaithful staff, old to the bone?

48.4 Und mein Sohn ging im Jubel durch die Welt, schloß Geschäfte ab, die ich vorbereitet hatte, überpurzelte sich vor Vergnügen und ging vor seinem Vater mit dem verschlossenen Gesicht eines Ehrenmannes davon!

And my son went through the world rejoicing, concluding deals that I had prepared, rolling over with glee and walking away from his father with the closed face of a man of honor!

Glaubst du, ich hätte dich nicht geliebt, ich, von dem du ausgingst?«   48.5

Do you think I didn't love you, I, from whom you came?"

»Jetzt wird er sich vorbeugen«, dachte Georg, »wenn er fiele und zerschmetterte!«   49.1

"Now he will bend over," thought Georg, "if he fell and shattered!"

Dieses Wort durchzischte seinen Kopf.   49.2

This word whizzed through his head.

Der Vater beugte sich vor, fiel aber nicht.   50.1

The father bent forward, but did not fall.

Da Georg sich nicht näherte, wie er erwartet hatte, erhob er sich wieder.   50.2

Since Georg did not approach him as he had expected, he rose again.

»Bleib, wo du bist, ich brauche dich nicht!   51.1

"Stay where you are, I don't need you!

Du denkst, du hast noch die Kraft, hierher zu kommen und hältst dich bloß zurück, weil du so willst.   51.2

You think you still have the strength to come here, and you're only holding back because you want to.

Daß du dich nicht irrst! Ich bin noch immer der viel Stärkere.   51.3

Well, you're wrong! I'm still the much stronger one.

51.4 Allein hätte ich vielleicht zurückweichen müssen, aber so hat mir die Mutter ihre Kraft abgegeben, mit deinem Freund habe ich mich herrlich verbunden, deine Kundschaft habe ich hier in der Tasche!«

Alone, I might have had to back down, but now I've got my mother's strength, I've made a wonderful connection with your friend, and I've got your customers right here in my pocket!"

52.1 »Sogar im Hemd hat er Taschen!« sagte sich Georg und glaubte,

"He even has pockets in his shirt!" Georg said to himself,

52.2 er könne ihn mit dieser Bemerkung in der ganzen Welt unmöglich machen.

thinking that he could make him impossible in the whole world with this remark.

52.3 Nur einen Augenblick dachte er das,

He only thought that for a moment,

52.4 denn immerfort vergaß er alles.

because he kept forgetting everything.

53.1 »Häng dich nur in deine Braut ein und komm mir entgegen!

"Just hang on to your bride and come to meet me!

53.2 Ich fege sie dir von der Seite weg, du weißt nicht wie!«

I'll sweep her off your side, you don't know how!"

54.1 Georg machte Grimassen, als glaube er das nicht.

Georg made faces as if he didn't believe it.

Der Vater nickte bloß, die Wahrheit dessen, was er
sagte, beteuernd, in Georgs Ecke hin.

54.2

The father just nodded, affirming the truth of what he said,
in Georg's corner.

»Wie hast du mich doch heute unterhalten, als du
kamst und fragtest, ob du deinem Freund von der
Verlobung schreiben sollst.

55.1

"How you entertained me today when you came and asked
if you should write to your friend about the engagement.

Er weiß doch alles, dummer Junge, er weiß doch
alles!

55.2

He knows everything, stupid boy, he knows everything!

Ich schrieb ihm doch, weil du vergessen hast, mir das
Schreibzeug wegzunehmen.

55.3

I wrote to him because you forgot to take the writing
materials away from me.

Darum kommt er schon seit Jahren nicht, er weiß
ja alles hundertmal besser als du selbst, deine Briefe
zerknüllt er ungelesen in der linken Hand, während
er in der Rechten meine Briefe zum Lesen sich
vorhält!«

55.4

That's why he hasn't come for years, he knows everything
a hundred times better than you do, he crumples up your
letters unread in his left hand while he holds my letters in
his right hand to read them!"

Seinen Arm schwang er vor Begeisterung über dem
Kopf.

56.1

He swung his arm above his head in enthusiasm.

»Er weiß alles tausendmal besser!« rief er.

56.2

"He knows everything a thousand times better!" he cried.

57.1 »Zehntausendmal!«
"Ten thousand times!"

57.2 sagte Georg, um den Vater zu verlachen, aber noch in seinem Munde bekam das Wort einen toternsten Klang.
said Georg, trying to make his father laugh, but the word sounded deadly serious even as he spoke it.

58.1 »Seit Jahren passe ich schon auf, daß du mit dieser Frage kämest!
"For years I've been waiting for you to ask that question!

58.2 Glaubst du, mich kümmert etwas anderes?
Do you think I care about anything else?

58.3 Glaubst du, ich lese Zeitungen? Da!«
Do you think I read newspapers? There!"

58.4 und er warf Georg ein Zeitungsblatt, das irgendwie mit ins Bett getragen worden war, zu.
and he threw a newspaper at Georg that had somehow been carried into bed with him.

58.5 Eine alte Zeitung,
An old newspaper,

58.6 mit einem Georg schon ganz unbekannten Namen.
with a name that Georg had already forgotten.

59.1 »Wie lange hast du gezögert, ehe du reif geworden bist!
"How long did you hesitate before you matured!

Die Mutter mußte sterben, sie konnte den
Freudentag nicht erleben, der Freund geht zugrunde
in seinem Rußland, schon vor drei Jahren war er gelb
zum Wegwerfen, und ich, du siehst ja, wie es mit mir
steht.

59.2

Your mother had to die, she couldn't live to see the day
of your joy, your friend is going to ruin in his Russia,
he was already yellow to throw away three years ago,
and I, you can see how I am.

Dafür hast du doch Augen!«

59.3

You have eyes for that!"

»Du hast mir also aufgelauert!« rief Georg.

60.1

"So you were lying in wait for me!" Georg shouted.

Mitleidig sagte der Vater nebenbei,

61.1

The father said compassionately,

»Das wolltest du wahrscheinlich früher sagen.

61.2

"You probably wanted to say that earlier.

Jetzt paßt es ja gar nicht mehr.«

61.3

Now it doesn't fit at all."

Und lauter:

62.1

And louder:

»Jetzt weißt du also, was es noch außer dir gab,
bisher wußtest du nur von dir!

62.2

"So now you know what there was besides you, before you
only knew about yourself!

Ein unschuldiges Kind warst du ja eigentlich,

62.3

You were actually an innocent child,

62.4 aber noch eigentlicher warst du ein teuflischer Mensch!

but you were even more of a devilish person!

62.5 – Und darum wisse; Ich verurteile dich jetzt zum Tode des Ertrinkens!«

– And so know this: I now sentence you to death by drowning!"

63.1 Georg fühlte sich aus dem Zimmer gejagt, den Schlag, mit dem der Vater hinter ihm aufs Bett stürzte, trug er noch in den Ohren davon.

Georg felt as if he had been chased out of the room; he could still hear the sound of his father's body crashing onto the bed behind him.

63.2 Auf der Treppe, über deren Stufen er wie über eine schiefe Fläche eilte, überrumpelte er seine Bedienerin, die im Begriffe war hinaufzugehen, um die Wohnung nach der Nacht aufzuräumen.

On the stairs, which he hurried up as if they were a sloping surface, he surprised his maid, who was about to go upstairs to tidy the apartment after the night.

64.1 »Jesus!«

"Jesus!"

64.2 rief sie und verdeckte mit der Schürze das Gesicht, aber er war schon davon.

she cried, covering her face with her apron, but he was already gone.

64.3 Aus dem Tor sprang er, über die Fahrbahn zum Wasser trieb es ihn.

He jumped out of the gate and was driven across the road to the water.

Schon hielt er das Geländer fest, wie ein Hungriger die Nahrung.

64.4

He was already holding on to the railing like a hungry man to food.

Er schwang sich über, als der ausgezeichnete Turner, der er in seinen Jugendjahren zum Stolz seiner Eltern gewesen war.

64.5

He swung himself over, like the excellent gymnast he had been in his youth, the pride of his parents.

Noch hielt er sich mit schwächer werdenden Händen fest, erspähte zwischen den Geländerstangen einen Autoomnibus, der mit Leichtigkeit seinen Fall übertönen würde, rief leise: »Liebe Eltern, ich habe euch doch immer geliebt«, und ließ sich hinabfallen.

64.6

He still held on with weakening hands, spied a bus between the railings that would easily drown out his fall, called out softly, "Dear parents, I have always loved you," and let himself fall.

In diesem Augenblick ging über die Brücke ein geradezu unendlicher Verkehr.

65.1

At that moment, an almost endless stream of traffic was crossing the bridge.

Prometheus

1.1 **Von Prometheus berichten vier Sagen:**
Four legends tell of Prometheus:

1.2 **Nach der ersten wurde er, weil er die Götter
an die Menschen verraten hatte, am Kaukasus
festgeschmiedet, und die Götter schickten Adler,
die von seiner immer wachsenden Leber fraßen.**
according to the first, he was forged on the Caucasus
because he had betrayed the gods to mankind, and the
gods sent eagles to feed on his ever-growing liver.

2.1 **Nach der zweiten drückte sich Prometheus im
Schmerz vor den zuhackenden Schnäbeln immer
tiefer in den Felsen,**
After the second,

2.2 **bis er mit ihm eins wurde.**
Prometheus pressed himself deeper and deeper into the
rock in pain from the chopping beaks until he became one
with it.

Nach der dritten wurde in den Jahrtausenden sein 3.1
Verrat vergessen, die Götter vergaßen, die Adler, er
selbst.

After the third, his betrayal was forgotten over the
millennia, the gods forgot, the eagles forgot, he himself
forgot.

Nach der vierten wurde man des grundlos 4.1
Gewordenen müde.

After the fourth, one became tired of what had become
causeless.

Die Götter wurden müde, die Adler wurden müde, 4.2
die Wunde schloß sich müde.

The gods grew weary, the eagles grew weary, the wound
closed wearily.

Blieb das unerklärliche Felsgebirge. 5.1

What remained was the inexplicable rocky mountain
range.

– Die Sage versucht das Unerklärliche zu erklären. 5.2

– The legend tries to explain the inexplicable.

Da sie aus einem Wahrheitsgrund kommt, 5.3

Since it comes from a ground of truth,

muß sie wieder im Unerklärlichen enden. 5.4

it must end again in the inexplicable.

Die Wahrheit über Sancho Pansa

The Truth about Sancho Panza

1.1 Sancho Pansa, der sich übrigens dessen nie gerühmt hat, gelang es im Laufe der Jahre, durch Beistellung einer Menge Ritter - und Räuberromane in den Abend - und Nachtstunden seinen Teufel, dem er später den Namen Don Quixote gab, derart von sich abzulenken, daß dieser dann haltlos die verrücktesten Taten aufführte, die aber mangels eines vorbestimmten Gegenstandes, der eben Sancho Pansa hätte sein sollen, niemandem schadeten.

Over the years, Sancho Panza, who never boasted of this, managed to distract his devil, to whom he later gave the name Don Quixote, from himself in the evening and night hours by providing him with a number of chivalric and robbery novels, so that the devil then performed the craziest deeds without any reason, but which, due to the lack of a predetermined object, which should have been Sancho Panza, harmed no one.

Sancho Pansa, ein freier Mann, folgte   1.2
gleichmütig, vielleicht aus einem gewissen
Verantwortlichkeitsgefühl, dem Don Quixote auf
seinen Zügen und hatte davon eine große und
nützliche Unterhaltung bis an sein Ende.

Sancho Panza, a free man, followed Don Quixote on his
travels with equanimity, perhaps out of a certain sense of
responsibility, and had great and useful entertainment
from it to the end.

Vom Scheintod

From Suspended Animation

1.1 Wer einmal scheintot gewesen ist, kann davon Schreckliches erzählen, aber wie es nach dem Tode ist, das kann er nicht sagen, er ist eigentlich nicht einmal dem Tode näher gewesen als ein anderer, er hat im Grunde nur etwas Besonderes

Anyone who has ever been seemingly dead can tell terrible things about it, but he cannot say what it is like after death, he has not actually been any closer to death than anyone else, he has basically only

1.2 ›erlebt‹ und das nicht besondere,

'experienced' something special and that not special,

1.3 das gewöhnliche Leben ist ihm dadurch wertvoller geworden.

ordinary life has become more valuable to him as a result.

1.4 Ähnlich ist es mit jedem, der etwas Besonderes erlebt hat.

It is similar with everyone who has experienced something special.

Moses zum Beispiel hat auf dem Berge Sinai gewiß etwas   1.5

Moses, for example, certainly experienced something

›Besonderes‹   1.6

'special'

erlebt, aber statt sich diesem Besonderen zu ergeben,   1.7
etwa wie ein Scheintoter, der sich nicht meldet
und im Sarg liegen bleibt, ist er den Berg hinunter
geflüchtet und hatte natürlich Wertvolles zu erzählen
und liebte die Menschen, zu denen er sich geflüchtet
hatte, noch viel mehr als früher und hat dann sein
Leben ihnen geopfert, man kann vielleicht sagen,
zum Danke.

on Mount Sinai, but instead of surrendering to this special
experience, like a seemingly dead person who does not
come forward and remains lying in a coffin, he fled down
the mountain and of course had something valuable to
tell and loved the people to whom he had fled even more
than before and then sacrificed his life to them, one could
perhaps say as a thank you.

Von beiden aber, vom zurückgekehrten Scheintoten   1.8
und vom zurückgekehrten Moses kann man viel
lernen, aber das Entscheidende kann man von ihnen
nicht erfahren, denn sie selber haben [es] nicht
erfahren.

But you can learn a lot from both the returned apparent
dead man and the returned Moses, but you cannot learn the
decisive thing from them, because they themselves did not
learn [it].

Und hätten sie es erfahren,   1.9

And if they had,

so wären sie nicht mehr zurückgekommen.   1.10

they would not have returned.

1.11 **Aber wir wollen es auch gar nicht erfahren.**

But we don't want to learn it either.

1.12 **Das läßt sich daran überprüfen, daß wir zum Beispiel gelegentlich den Wunsch haben können, das Erlebnis des Scheintoten oder das Erlebnis des Moses bei Sicherstellung der Rückkehr, ›bei freiem Geleit‹ zu erleben, ja daß wir sogar den Tod uns wünschen, aber nicht einmal in Gedanken wollten wir lebend und im Sarge ohne jede Möglichkeit der Wiederkehr oder auf dem Berge Sinai bleiben ...**

This can be verified by the fact that we can, for example, occasionally have the wish to experience the experience of apparent death or the experience of Moses when the return is assured, 'with a free escort', indeed that we even wish for death, but not even in our thoughts would we want to remain alive and in the coffin without any possibility of return or on Mount Sinai ...

2.1 **(Das hat nicht eigentlich etwas mit Todesangst zu tun ...)**

(This does not actually have anything to do with fear of death ...)

Eine alltägliche Verwirrung

An Everyday Confusion

1.1 **Ein alltäglicher Vorfall:**
An everyday incident:

1.2 **sein Ertragen eine alltägliche Verwirrung.**
his enduring an everyday confusion.

1.3 **A hat mit B aus H ein wichtiges Geschäft abzuschließen.**
A has an important business deal to conclude with B from H.

1.4 **Er geht zur Vorbesprechung nach H,**
He goes to H for a preliminary meeting,

1.5 **legt den Hin - und Herweg in je zehn Minuten zurück und rühmt sich zu Hause dieser besonderen Schnelligkeit.**
covers the journey there and back in ten minutes each way and boasts about this particular speed at home.

1.6 **Am nächsten Tag geht er wieder nach H,**
The next day he goes to H again,

diesmal zum endgültigen Geschäftsabschluß.   1.7
this time to close the deal.

Da dieser voraussichtlich mehrere Stunden erfordern   1.8
wird,
As this will probably take several hours,

geht A sehr früh morgens fort.   1.9
A leaves very early in the morning.

Obwohl aber alle Nebenumstände, wenigstens nach   1.10
A's Meinung, völlig die gleichen sind wie im Vortag,
braucht er diesmal zum Weg nach H zehn Stunden.
However, although all the other circumstances, at least in
A's opinion, are completely the same as the day before, this
time it takes him ten hours to get to H.

Als er dort ermüdet abends ankommt, sagt man ihm,   1.11
daß B, ärgerlich wegen A's Ausbleiben, vor einer
halben Stunden zu A in sein Dorf gegangen sei und
sie sich eigentlich unterwegs hätten treffen müssen.
When he arrives there in the evening, exhausted, he is told
that B, annoyed by A's absence, went to A's village half an
hour ago and that they should have met on the way.

Man rät A zu warten.   1.12
A is advised to wait.

A aber, in Angst wegen des Geschäftes, macht sich   1.13
sofort auf und eilt nach Hause.
But A, worried about the business, leaves immediately and
hurries home.

Diesmal legt er den Weg, ohne besonders darauf zu   2.1
achten, geradezu in einem Augenblick zurück.
This time he covers the distance in the blink of an eye,
without paying particular attention.

2.2 Zu Hause erfährt er, B sei doch schon gleich früh gekommen –

At home, he learns that B had arrived early –

2.3 gleich nach dem Weggang A's;

just after A had left;

2.4 ja, er habe A im Haustor getroffen, ihn an das Geschäft erinnert, aber A habe gesagt, er hätte jetzt keine Zeit, er müsse jetzt eilig fort.

yes, he had met A at the front gate, reminded him about the business, but A had said he didn't have time now, he had to leave in a hurry.

3.1 Trotz diesem unverständlichen Verhalten A's sei aber B doch hier geblieben,

Despite A's incomprehensible behavior,

3.2 um auf A zu warten.

B stayed here to wait for A.

3.3 Er habe zwar schon oft gefragt, ob A nicht schon wieder zurück sei, befinde sich aber noch oben in A's Zimmer.

Although he has often asked whether A has already returned, he is still upstairs in A's room.

3.4 Glücklich darüber, B jetzt noch zu sprechen und ihm alles erklären zu können, läuft A die Treppe hinauf.

Happy to be able to speak to B now and explain everything to him, A runs up the stairs.

Schon ist er fast oben, da stolpert er, erleidet eine 3.5
Sehnenzerrung und fast ohnmächtig vor Schmerz,
unfähig sogar zu schreien, nur winselnd im Dunkel
hört er, wie B –
He is almost at the top when he stumbles, suffers a pulled
tendon and almost faints from the pain, unable even to
scream, only whimpering in the dark as he hears B –

undeutlich ob in großer Ferne oder knapp neben 3.6
ihm –
indistinctly, whether in the distance or right next to him –

wütend die Treppe hinunterstampft und endgültig 3.7
verschwindet.
stomping angrily down the stairs and disappearing for
good.

Möwenstein Books

www.mowenstein.com

Renowned Authors

H. G. Wells   •   Ernest Hemingway
H. P. Lovecraft   •   Lewis Carroll
Franz Kafka   •   Friedrich Nietzsche
Albert Einstein   •   Oscar Wilde
Hans Christian Andersen

Notable Works

Frankenstein   •   *Alice in Wonderland*
Heart of Darkness   •   *The Great Gatsby*
Siddhartha   •   *The Metamorphosis*
Thus Spoke Zarathustra

Translation Services

We offer translation services in various languages, including German, Spanish, Chinese, Korean, Arabic, and more. For custom translations or revisions, please contact us at:

Email: translation@mowenstein.com

Our Collections

Franz Kafka Collection

- The Metamorphosis / Die Verwandlung
- The Trial / Der Prozess
- The Castle / Das Schloss
- and many more…

Pakt mit dem Teufel

- Faust Parts I & II by Johann Wolfgang von Goethe
- Doctor Faustus by Christopher Marlowe

Portraits of Irishmen

- The Picture of Dorian Gray by Oscar Wilde
- A Portrait of the Artist as a Young Man by James Joyce

Children's Classics

- Winnie-the-Pooh / Pu der Bär
- Brothers Grimm Fairy Tales
- Fairy Tales Told for Children
    - Author: Hans Christian Andersen

Visit Us

At Möwenstein Books, we are committed to providing high-quality bilingual editions of classic works. Explore our collections and discover more titles across various genres and languages.

Website: www.mowenstein.com